EDITION C. G. JUNG

C. G. JUNG

Gesammelte Werke
Fünfzehnter Band

C. G. Jung

Über das Phänomen des Geistes in Kunst und Wissenschaft

EDITION C. G. JUNG

Herausgegeben von:
Lilly Jung-Merker
Dr. phil. Elisabeth Rüf

MIX
Papier | Fördert gute Waldnutzung
FSC® C083411

Die Verlagsgruppe Patmos ist sich ihrer Verantwortung gegenüber unserer Umwelt bewusst. Wir folgen dem Prinzip der Nachhaltigkeit und streben den Einklang von wirtschaftlicher Entwicklung, sozialer Sicherheit und Erhaltung unserer natürlichen Lebensgrundlagen an. Näheres zur Nachhaltigkeitsstrategie der Verlagsgruppe Patmos auf unserer Website www.verlagsgruppe-patmos.de/nachhaltig-gut-leben
Übereinstimmend mit der EU-Verordnung zur allgemeinen Produktsicherheit (GPSR) stellen wir sicher, dass unsere Produkte die Sicherheitsstandards erfüllen. Näheres dazu auf unserer Website www.verlagsgruppe-patmos.de/produktsicherheit. Bei Fragen zur Produktsicherheit wenden Sie sich bitte an produktsicherheit@verlagsgruppe-patmos.de

Bibliografische Information der Deutschen Nationalbibliothek
Die Deutsche Nationalbibliothek verzeichnet diese Publikation in der Deutschen Nationalbibliografie; detaillierte bibliografische Daten sind im Internet über http://dnb.d-nb.de abrufbar.

Sonderausgabe
5. Auflage 2025

Verlagsgruppe Patmos in der Schwabenverlag AG, Senefelderstr. 12, 73760 Ostfildern
www.patmos.de

Umschlaggestaltung: Finken & Bumiller, Stuttgart
Druck: CPI books GmbH, Leck
Hergestellt in Deutschland

ISBN 978-3-8436-0135-1

EDITION C. G. JUNG im Patmos Verlag

INHALT

Anhang

VORWORT DER HERAUSGEBER

Es gibt verschiedene Arten, die Leistungen überragender Persönlichkeiten anzusehen. Eine jede läßt sich im Lichte ihrer individuellen Entwicklung, der historischen Einflüsse, die auf sie wirkten oder der schwer bestimmbaren kollektiven Einflüsse, die das Wort *Zeitgeist* ausdrückt, betrachten. JUNGS Aufmerksamkeit richtete sich vor allem auf die großen kulturellen Bewegungen – insbesondere die Alchemie – die den Zeitgeist kompensierten oder daraus entstanden, sowie auf den schöpferischen Geist, der in Bereiche, so unterschiedlich wie Medizin, Psychoanalyse, Orientalistik, bildende Künste und Literatur, bahnbrechende Deutungen einführte. Die Aufsätze über PARACELSUS, FREUD, den Sinologen RICHARD WILHELM, PICASSO und JOYCES *«Ulysses»* wurden zur Veranschaulichung dieses zentralen Themas zusammengestellt; zwei weitere erörtern literarische Schöpfungen, unabhängig von der persönlichen Eigenart und der Psychologie eines einzelnen Dichters. Die Quelle wissenschaftlicher und künstlerischer Kreativität in archetypischen Strukturen und namentlich in der Dynamik des «Geist-Archetypus» bildet einen wesentlichen Kontrapunkt zu dem Thema, das dieser Sammlung von Essays zugrunde liegt.

Dieser Band erscheint im zehnten Todesjahr C. G. JUNGS als zehnter im Rahmen der Gesammelten Werke. Dieses Dezennium ist in eigenartiger Weise geprägt durch den Hinschied sämtlicher ursprünglich mit dieser Aufgabe betrauten Mitarbeiter: Am 4. Januar 1965 starb Lena Hurwitz-Eisner, am 15. März des gleichen Jahres Marianne Niehus-Jung, am 5. Juni 1969 der bisherige Verleger des JUNGschen Gesamtwerks, Albert Rascher, und am 1. August, also knapp zwei Monate später, Franz Riklin, der von JUNG persönlich bestimmte Psychiater und medizinische Fachexperte unter den Herausgebern.

Nach der Auflösung des alteingesessenen Rascher Verlages haben wir mit dem Walter-Verlag, Olten, die künftige Zusammenarbeit aufgenommen. Wir freuen uns, in diesem Hause einen an der gemeinsamen

Aufgabe interessierten, dynamischen Betrieb gefunden zu haben. Die Subskribenten der Gesamtausgabe werden Verständnis dafür haben, daß der Wechsel gewisse Änderungen in der äußeren Aufmachung mit sich bringt.

Für die sorgfältige Bearbeitung des Personen- und Sachregisters sind wir wiederum Fräulein Marie Louise Attenhofer dankbar.

Weihnachten 1970 Die Herausgeber

I

PARACELSUS[1]

Der seltsame Mann PHILIPPUS AUREOLUS BOMBAST VON HOHENHEIM, genannt THEOPHRASTUS PARACELSUS[2], wurde hier im Jahre 1493 am 10. November geboren. Sein mittelalterlicher und doch so freisinniger Geist wird es uns nicht verdenken, wenn wir in höflicher Erinnerung an die Gepflogenheiten seiner Zeit zunächst einen kurzen Blick auf die Sonne, die seiner Geburt zu Gevatter stand, werfen. Seine Sonne stand im Zeichen des *Skorpions,* nach alter Tradition ein Zeichen gut für Ärzte, für Meister der Gifte und der Heilung. Des Skorpions Herr ist der stolze und streitbare *Mars,* der dem Starken kriegerischen Mut und dem Schwachen Händelsucht und Galligkeit verleiht. Und des PARACELSUS späteres Leben hat diese Nativität wahrlich nicht verleugnet. 1

Indem wir nun vom Himmel auf die Erde seiner Geburt blicken, so sehen wir sein elterliches Haus eingebettet in ein tiefes, einsames, waldschattiges Tal, umgeben von düsteren überragenden Bergen, die rings die moorigen Hügel- und Talflächen der melancholischen Einsiedelei umschließen. In ahnungsvoller Nähe erheben sich die größeren Höhen der Alpen, die Macht der Erde überwiegt sichtbarlich die Willkür des Menschen, und bedrohlich lebendig hält sie ihn in ihrer Höhlung und zwingt ihm ihren Willen auf. Hier, wo die Natur größer ist als der Mensch, entgeht ihr keiner; die Kälte des Wassers, die Starrheit des Felsens, die Knorrigkeit und Zähigkeit der Waldwurzeln und die Schroffheit der Hänge bilden etwas in die Seele des dort Geborenen 2

[1] [Vortrag, gehalten im Rahmen des Literarischen Clubs Zürich beim Geburtshaus von PARACELSUS an der Teufelsbrücke bei Einsiedeln, Juni 1929. Veröffentlicht in: *Der Lesezirkel* XVI (Zürich, 10. September 1929). Später in: C. G. JUNG, *Wirklichkeit der Seele* (vgl. Bibliographie); ferner als Heft 25 in der Reihe «Der Bogen», Tschudy Verlag, St. Gallen 1952.]

[2] Ich verweise auf die vortreffliche Ausgabe der Schriften von PARACELSUS von Dr. BERNHARD ASCHNER [vgl. Bibliographie].

hinein, das unausrottbar lebendig wirkt; und es verleiht dem Schweizer Eigensinn, Standhaftigkeit, Schwerfälligkeit und Naturstolz, den man schon auf vielerlei Weise, günstig und ungünstig, ausgelegt hat als Unabhängigkeit oder als Trotzigkeit. («Le Suisse est caractérisé par un noble esprit de liberté, mais aussi par une certaine froideur peu agréable», wie einmal ein Franzose schrieb.)

3 Vater Sonne und Mutter Erde scheinen die wahreren Eltern seines Charakters gewesen zu sein als des Paracelsus Erzeuger im Blut. Paracelsus war ja, wenigstens väterlicherseits, kein Schweizer, sondern eine Schwabe, ein Sohn des Wilhelm Bombast, des unehelichen Nachkömmlings des Georg Bombast von Hohenheim, Großmeister des Johanniterordens. Aber geboren im Bannkreis der Alpen, im Schoße einer mächtigen Erde, die ihn, ungeachtet seines Blutes, sich zu eigen gemacht hat, nach dem Gesetz des «x der örtlichen Disposition», ist Paracelsus dem Charakter nach als Schweizer zur Welt gekommen.

4 Seine Mutter stammte von Einsiedeln, und ihre Einflüsse sind unbekannt. Sein Vater hingegen war eine problematische Natur. Als Arzt war er eingewandert und hatte sich in jenem Tobel, wo Füchse und Hasen einander gute Nacht sagen, an der Pilgerstraße niedergelassen. Was berechtigte ihn, den unehelich Geborenen, den adeligen Vaternamen zu führen? Man ahnt die seelische Tragödie des Unehelichen: ein düsterer, einsamer Unberechtigter, der in der Abgeschlossenheit des Waldtales sich mit Ressentiment seiner Heimat enthält und doch mit nicht eingestandener Sucht durch Pilger Kunde von der Welt draußen, in die er nicht zurückkehren wird, empfängt. Adeliges Leben und weite Welt lagen ihm im Blut und blieben dort begraben. Nichts wirkt seelisch stärker auf die menschliche Umgebung, besonders auf die Kinder, als das ungelebte Leben der Eltern. Von diesem Vater dürfen wir stärkste Gegensatzwirkung auf den jungen Paracelsus erwarten.

5 Eine große, ja einzige Liebe verbindet ihn dem Vater. Dieser ist der einzige Mensch, dessen er in Liebe gedenkt. Ein solch treuer Sohn wird die Schuld des Vaters begleichen. All der Verzicht des Vaters wird sich im Sohn in ehrgeizigen Anspruch verwandeln. Das Ressentiment und das unvermeidliche Minderwertigkeitsgefühl des Vaters wird den Sohn zum Rächer der Unbill des Vaters machen. Er wird sein Schwert gegen alle Autorität führen, und er wird alles, was auf die potestas patris Anspruch macht, als Widersacher des eigenen Vaters bekämpfen. Was

der Vater verlor oder worauf er verzichtete, Erfolg und Ruhm des Namens, Leben und Unabhängigkeit in der weiten Welt, muß er wieder gewinnen, und nach tragischem Gesetz muß er sich auch mit seinen Freunden überwerfen, als unvermeidliche Folge der schicksalsmäßigen Bindung an den einzigen Freund, den Vater, denn auf seelischer Endogamie stehen schwere Schicksalsstrafen.

Wie dies nicht selten der Fall ist, hat ihn die Natur zur Rächerrolle 6
ausgerechnet schlecht ausgerüstet, denn statt einer heldischen Aufrührergestalt gab sie ihm eine Körperlänge von nur etwa 150 cm, ein kränkliches Aussehen, eine zu kurze Oberlippe, welche die Zähne nicht ganz bedeckte (ein Kennzeichen, nicht selten bei nervösen Leuten), und, wie es scheint, ein Becken, dessen Weiblichkeit auffiel, als man im 19. Jahrhundert seine Gebeine in Salzburg exhumierte [3]. Es ging sogar die Sage, daß er ein Eunuch gewesen sei, wofür aber meines Wissens keine weiteren Bestätigungen vorliegen. Allerdings scheint die Liebe nie ihre Rosen in sein irdisches Dasein geflochten zu haben, und ihre bekannten Dornen waren ihm überflüssig, da sein Charakter sowieso stachlig war.

Kaum war er alt genug, um Waffen zu tragen, so zog der kleine 7
Mann auch schon ein um so größeres Schwert an, von dem er sich nur noch selten trennte, und dies um so weniger, als er im kugelförmigen Schwertknauf seine Laudanumpillen, sein eigentliches arcanum, barg. So gerüstet, zog er, eine der Komik nicht ganz entbehrende Figur, früh in die weite Welt auf unerhörte, abenteuerliche Reisen, die ihn durch Deutschland, Frankreich, Italien, die Niederlande, Dänemark, Schweden und Rußland führten. Als ein wunderlicher Wundertäter, fast wie ein zweiter Apollonius von Tyana, soll er nach der Legende auch Afrika und Asien bereist haben, wo er der Geheimnisse größte entdeckte. Nie machte er regelmäßige Studien, denn die Unterordnung unter Autorität war tabu. Er war ein selfmade man, der sich bezeichnenderweise die Devise zulegte: «Alterius non sit, qui suus esse potest» [4], eine echte und rechte Schweizerdevise. Was dem PARACELSUS auf seinen

[3] [PARACELSUS starb am 24. September 1541 in Salzburg, wo er auf dem Friedhof von St. Sebastian «unter den Armen des Versorgungshauses» begraben wurde.]

[4] [«Es sei nicht eines andern, der sein eigen sein kann.»]

Reisen alles zugestoßen ist, bleibt auf immer dunkle Ahnung, wahrscheinlich immer wieder etwas Ähnliches wie das, was ihm in Basel passierte. 1525 wurde er als berühmter Arzt nach Basel vom Rat berufen; letzterer offenbar in einem jener historischen Anfälle von Unvoreingenommenheit handelnd, die im Laufe der Jahrhunderte sich gelegentlich wiederholten, wie die Berufung des Jünglings NIETZSCHE beweist. Die Berufung hatte einen etwas peinlichen Hintergrund, da damals Europa unter einer beispiellosen syphilitischen Verseuchung litt, die nach dem Neapeler Feldzug ausgebrochen war. PARACELSUS bekleidete die Stellung eines Stadtarztes, aber er fügte sich in die Würde nicht nach Geschmack der Universität, noch eines löblichen Publikums. Erstere skandalisierte er dadurch, daß er Kollegien in der Sprache der Knechte und Mägde, nämlich deutsch las, und letzteres dadurch, daß er, statt in Amtstracht, im Laborantenkittel sich auf der Straße zeigte. Für seine Kollegen war er der bestgehaßte Mann, und an seinen medizinischen Schriften wurde kein gutes Haar gelassen. Man beschimpfte ihn als «tollen Stierkopf» und als «Waldesel von Einsiedeln». Und er gab solches und ähnliches in einer ausgesucht unflätigen Sprache zurück, ein keineswegs erbauliches Schauspiel.

8 In Basel nun ereilte ihn ein unvermeidliches Schicksal, das tief in sein Leben eingriff: er verlor nämlich seinen Freund und Lieblingsschüler, den Humanisten JOHANNES OPORINUS, der ihn recht eigentlich verriet und seinen Gegnern die kräftigsten Waffen lieferte. OPORIN selber bereute nachmals seine Untreue, aber es war zu spät. Der Schaden war nicht mehr gutzumachen. Nichts aber vermochte das händelsüchtige, anmaßliche und querulantenhafte Benehmen des PARACELSUS zu dämpfen, im Gegenteil, dieser Verrat steigerte es noch. Bald begab er sich wieder auf Reisen, meistens arm, öfters bis zur Bettelhaftigkeit heruntergekommen.

9 Mit achtunddreißig Jahren tritt in seinen Schriften eine charakteristische Änderung ein: neben dem Medizinischen tritt das Philosophische hervor. «Philosophisch» ist allerdings keine ganz richtige Bezeichnung für seine geistige Manifestation. Man sollte diese wohl eher «gnostisch» nennen. Nach Überschreitung der Lebensmitte nämlich tritt jene merkwürdige seelische Veränderung ein, die man wohl als eine Umkehrung der seelischen Lebensrichtung bezeichnen könnte. Nur bei wenigen tritt diese subtile Veränderung klar als Umkehrung an die Oberfläche. Bei

den meisten verläuft sie, wie alle anderen Hauptsachen des Lebens, unter der Schwelle des Bewußtseins. Bei bedeutenden Geistern zeigt sich die Veränderung in Form einer Verwandlung des Intellektes in eine Art von spekulativer oder intuitiver Geistigkeit, wie wir dies zum Beispiel bei Newton, Swedenborg und Nietzsche, um drei große Namen zu nennen, sehen. Bei Paracelsus ist die Spannweite zwischen den Gegensätzen nicht so groß, aber doch immerhin bemerkenswert.

Damit gelangen wir nun, nach all der Äußerlichkeit und Unzulänglichkeit des persönlichen Lebens, zum geistigen Menschen Paracelsus, und damit treten wir in eine Ideenwelt ein, die dem heutigen Menschen, wenn er nicht gerade sehr spezielle Kenntnisse der spätmittelalterlichen Geisteslage hat, ungemein dunkel und verworren vorkommen muß. Vor allem – trotz seiner Schätzung Luthers – ist Paracelsus als guter Katholik gestorben, in wunderlichstem Gegensatz zu seiner heidnischen Philosophie. Man kann wohl kaum annehmen, daß der Katholizismus ihm einfach Lebensstil bedeutete. Er war ihm eine so selbstverständliche und schlechthin unverstehbare Gegebenheit, daß er ihm nicht einmal Gegenstand des Nachdenkens wurde, sonst wäre es zu einer gefährlichen Auseinandersetzung mit der Kirche und mit seinem eigenen Gemüt gekommen. Paracelsus gehörte offenbar zu jenen Menschen, die den Intellekt in der einen und das Gemüt in der andern Schublade haben, so daß sie mit dem Intellekt fröhlich drauflos denken können, ohne je Gefahr zu laufen, mit ihrem Gefühlsglauben zusammenzustoßen. Es ist ja schließlich eine begreifliche Erleichterung, die eine Hand nicht wissen zu lassen, was die andere tut. Es wäre müßige Neugierde, wissen zu wollen, was es dann gegeben hätte, wenn die beiden doch zusammengestoßen wären. Sie stießen damals vorzugsweise nicht zusammen, das ist das Kennzeichen jener sonderlichen Zeit, genauso rätselhaft wie der Geisteszustand eines Alexander VI. und des ganzen höheren Klerus des Cinquecento. Und wie sich unter der Schwelle der Kirche lachendes Heidentum der Kunst wieder hervordrängte, so belebte sich hinter dem Vorhang scholastischer Philosophie antikes Heidentum des Geistes in einer Wiedergeburt des Neuplatonismus und der Naturphilosophie. Unter den Vertretern dieser Bewegung war es besonders der Humanist Marsilius Ficinus, dessen Neuplatonismus den Paracelsus, wie so viele aufstrebende und «moderne» Geister jener Tage, beeinflußt hat. Nichts kennzeichnet die explosive, aufrührerische und zukunftverheißende Geistesstimmung jener Zeit, die, den Protestantismus weit überholend, das 19. Jahrhundert vorwegnahm, wie das Motto zu AGRIPPA VON NETTESHEIMS Buch *«De incertitudine et vanitate scientiarum»* (1527):

> Nullis hic parcet Agrippa,
> contemnit, scit, nescit, flet, ridet,
> irascitur, insectatur, carpit omnia,
> ipse philosophus, daemon, heros, deus et omnia [5].

11 Eine neue Zeit war angebrochen, der Umsturz der Autorität der christlichen Kirche rückte in bedrohliche Nähe, und damit schwand die metaphysische Sicherheit des gotischen Menschen. Und wie in den lateinischen Ländern die Antike in jeglicher Form wieder hervorbrach, so drängte sich in den barbarischen, germanischen Ländern an Stelle der fehlenden antiken Vorstufe das primitive Erlebnis des unmittelbaren Geistes vor, in vielerlei individuellen Formen und Stufen geschieden und verkörpert durch große und wunderliche Denker und Dichter, wie MEISTER ECKHART, AGRIPPA, PARACELSUS, ANGELUS SILESIUS und JACOB BÖHME. Ihre barbarische, aber urtümlich kraftvolle Eigenart bekunden sie alle durch eine der Tradition entwachsene, der Autorität entratende, gewaltsam eigenwillige Sprache. Neben BÖHME war wohl PARACELSUS in dieser Beziehung der schlimmste Rebell. Seine philosophische Terminologie ist so individuell arbiträr, daß sie sogar die gnostischen «Worte der Macht» an Absonderlichkeit und Dunkelheit um ein Vielfaches übertrifft.

12 Das oberste kosmogonische Prinzip, sein gnostischer «Demiurg», war der Yliaster oder Hyaster, eine hybride Wortneubildung aus hyle (Materie) und astrum (Gestirn). Man könnte diesen Begriff als «kosmischer Stoff» übersetzen. Es ist etwas wie das hen des PYTHAGORAS und EMPEDOKLES oder wie die heimarmene der Stoiker, eine primitive Urstoff- und Urkraftanschauung. Die griechisch-lateinische Prägung bedeutet wohl nicht mehr als zeitgemäßen Ausdrucksstil, ein kultürliches

[5] [«Dieser Agrippa verschont keinen; er verachtet, weiß, weiß nicht, weint, lacht, zürnt, schmäht, zerzaust alles; er seinerseits ist Philosoph, Dämon, Held, Gott und alles.»]

Mäntelchen für eine primitive Uridee, welche auch die Vorsokratiker in Atem gehalten hat, ohne daß PARACELSUS sie notwendigerweise von ihnen geerbt hätte. Diese urtümlichen Bilder nämlich gehören der Menschheit überhaupt und können autochthon in jedem Kopfe wieder entstehen, unbekümmert um Zeit und Ort. Es bedarf nur der günstigen Umstände für deren Wiedererwachen. Der passende Moment hiefür ist immer, wenn eine Weltanschauung zusammenbricht und alle jene Formen und Gestalten, die einstmals als endgültige Antwort auf die großen Rätsel von Leben und Welt galten, mit sich reißt. Es ist sogar der psychologischen Regel völlig entsprechend, wenn alle entwurzelten Götter auf den Menschen zurückfallen und er deshalb ausruft: «Ipse philosophus, daemon, heros, deus et omnia», und, wenn eine den Geist verherrlichende Religion zu schwinden beginnt, dafür ein Urbild des schöpferischen Stoffes im innern Erlebnis bewußt wird.

In strengstem Gegensatz zu christlicher Weltanschauung ist des 13
PARACELSUS oberstes Prinzip eine durchaus materialistische Anschauung. Erst an zweiter Stelle kommt bei ihm etwas Geistiges, nämlich die aus dem Stoff hervorgehende anima mundi, der ideos oder ides, das mysterium magnum oder *«Limbus major,* ein spiritualistisch Wesen, ein unsichtbar und unbegreiflich Ding». Darin ist ihm alles in Form von platonischen Ideen, als Archetypen, enthalten, ein Korn, das wohl von MARSILIUS FICINUS stammen dürfte. Limbus ist ein Kreis. Die animistisch belebte Welt ist der größere Kreis, der Mensch ist der limbus minor, der kleinere Kreis. Er ist der Mikrokosmos. Daher ist alles innen wie außen, unten wie oben. Zwischen allen Dingen im größern und kleinern Kreis herrscht *Entsprechung,* correspondentia, eine Anschauung, die dann in SWEDENBORGS Idee vom homo maximus in eine gigantische Anthropomorphisierung des Universums ausläuft. In der primitiveren Anschauung des PARACELSUS fehlt aber die Anthropomorphisierung. Mensch ist ihm wie Welt ein belebtes Stoffaggregat, eine Anschauung, die der wissenschaftlichen Betrachtungsweise des ausgehenden 19. Jahrhunderts konsanguin ist, mit dem einzigen Unterschied, daß PARACELSUS noch nicht tödlich chemisch-mechanistisch denkt, sondern noch primitiv animistisch. Seine Natur wimmelt noch von Hexen, Inkuben, Sukkuben, Teufeln, Sylphiden und Undinen. Das Belebte der seelischen Erfahrung ist ihm noch zugleich ein Belebtes der Natur. Noch hat ihn der seelische Tod des wissenschaftlichen Materia-

lismus nicht erreicht, aber er bereitet den Weg zu diesem Ende vor. Er ist *noch* ein Animist, entsprechend der Primitivität seines Geistes, und doch *schon* ein Materialist. Der Stoff als das im Raum absolut Zerteilte ist der natürlichste Feind jener Konzentration des Lebendigen, welche Seele bedeutet. Bald wird die Welt der Undinen und Sylphiden ihr Ende erreichen, und erst im Zeitalter der Seele werden sie wieder ihre Auferstehung feiern, wo man sich alsdann wundern wird, wieso man so alte Wahrheiten je vergessen konnte. Aber es ist natürlich viel einfacher, wenn man annimmt, daß das, was man nicht versteht, gar nicht existiere.

14 Die Welt des PARACELSUS im Großen wie im Kleinen besteht aus belebten Partikeln, aus *entia*. Krankheiten sogar sind für ihn entia, so wie es ein ens astrorum, veneni, naturale, spirituale und deale gibt. Die damalige große Pestepidemie erklärte er in einem Brief an den Kaiser als die Wirkung von in Hurenhäusern erzeugten Sukkuben. Das ens ist ebenfalls ein «spiritualistisch Wesen», daher sagt er im *«Buch Paragranum»:* «Die Krankheiten sind nit corpora, drum Geist gegen Geist soll gebraucht werden.» Womit PARACELSUS meint, daß nach der Lehre der correspondentia jeglichem ens morbi ein «arcanum» der Natur entspreche, zum Beispiel eine Pflanze oder ein Mineral, das ein Spezifikum gegen die entsprechende Krankheit sei. Daher bezeichnete er auch die Krankheiten nicht klinisch oder anatomisch, sondern nach ihren spezifischen Heilmitteln, zum Beispiel gab es «tartarische» Krankheiten, nämlich solche, die durch ihr entsprechendes arcanum, in diesem Falle tartarus, geheilt wurden. Deshalb hielt er auch viel von der Lehre der *Signaturen,* welche eines der Hauptprinzipien der damaligen Volksmedizin (das heißt der Hebammen, Feldscherer, Hexen, Quacksalber und Henker) gewesen zu sein scheint. Nach dieser Lehre ist zum Beispiel eine Pflanze, deren Blätter handähnlich sind, gut für Krankheiten der Hände usw.

15 Die Krankheit ist ihm «ein natürliches Wachstum, ein Geistiges, Lebendiges, ein Samen». Wir können wohl sagen, daß für PARACELSUS die Krankheit ein notwendig Mitlebendes, ein eigentliches constituens des menschlichen Lebens war und nicht ein hassenswertes corpus alienum, das sie uns bedeutet. Darum ist die Krankheit auch verschwägert mit den in der Natur vorhandenen und diese konstituierenden arcana, welche ebenso naturnotwendig und naturzugehörig sind wie die Krank-

heiten zum Menschen. Der allermodernste Arzt würde hier dem PARACELSUS die Hand schütteln und ihm sagen: «Ich mein's zwar nicht ganz so, aber doch ziemlich ähnlich.» Trefflich für seine Art meint er, daß die ganze Welt eine Apotheke und Gott der höchste Apotheker sei.

PARACELSUS ist ein Geist, wie er typisch ist für eine große Über- 16
gangszeit. Sein suchender und ringender Intellekt erst hat sich befreit aus einer spiritualistischen Weltanschauung, an der sein Gemüt noch hängt. Extra ecclesiam nulla salus – dieser Satz gilt im höchsten Maße für die geistige Wandlung, die den befällt, der den Legendenkreis althergebrachter heiliger Bilder, die als letzte Wahrheiten seinen Horizont abschließen, überschreitet: Er büßt alle beruhigenden und heilsamen Vorurteile ein, eben ist ihm eine Welt eingestürzt, und noch ist nichts gewußt über eine andere Ordnung der Dinge. Er ist ganz arm geworden, ganz unwissend wie ein kleines Kind, das noch nichts von der neuen Welt weiß und sich nur mühsam und dunkel daran erinnern kann, was uralteste Menschheitserfahrung zu ihm aus seinem Blute spricht. Alle Autorität ist ihm gefallen, und er muß eine neue Welt aus eigenen Erfahrungsmitteln aufbauen.

Auf weiten Reisen, auch die trübsten Quellen nicht verschmähend, 17
hat PARACELSUS seine Erfahrung geschöpft, ein Pragmatiker sondergleichen. Und wie er ohne Vorurteil den Urstoff äußerer Erfahrung an sich zog, so schöpfte er auch aus den primitiven Dunkelheiten seiner Seele die philosophischen Grundideen seines Werkes. Uralt-Heidnisches, schlimmsten Aberglauben des untersten Volkes vortäuschend, brachte er herauf. Der christliche Spiritualismus verwandelte sich in seine prähistorische Vorstufe, in den Animismus des Primitiven, und die scholastische Geistesbildung des PARACELSUS erzeugte daraus eine Philosophie, die sich keinem christlichen Vorbild, sondern vielmehr dem Denken der bestgehaßten Feinde der Kirche, der Gnostiker, annäherte. Wie jedem rücksichtslosen Neuerer, der Autorität und Tradition verwirft, drohte auch ihm der Rückschritt zu dem, was einstmals verworfen wurde, und damit der tödliche und rein destruktive Stillstand. Wohl durch die Tatsache aber, daß, während sein Intellekt ins Weiteste schweifte und auf fernste Vergangenheit zurückgriff, sein Gemüt an den überkommenen Gütern festhielt, ist die völlige Verwirklichung des Rückschrittes verhindert worden. Und wohl dank diesem unleidlichen Widerspruch verwandelte sich Regression in Progression.

Er verleugnete nicht den Geist, an den sein Gemüt glaubte, sondern errichtete neben ihm das Gegenprinzip des Stoffes: Erde gegenüber dem Himmel, Natur gegenüber dem Geist. Dadurch ist er kein blinder Zerstörer, kein halb schwindelhaftes Genie wie ein AGRIPPA, geworden, sondern ein Vater der Naturwissenschaft, ein Pionier des neuen Geistes, als den ihn unsere Zeit mit Recht verehrt. Allerdings würde er wohl zu dem, wofür ihn gewisse seiner modernen Verehrer besonders bewundern, aus dem Jenseits den Kopf schütteln. Sein Panpsychismus war nicht seine heißerrungene Entdeckung – vielmehr hing ihm dieser noch an als Rest primitiver participation mystique mit der Natur –, sondern: *der Stoff und seine Eigenschaften.* Die Bewußtseinslage seiner Zeit und der damalige Entwicklungsgrad des Erkennens erlaubten ihm gar nicht, den Menschen außerhalb des Naturganzen zu sehen. Dieser Höhepunkt war dem 19. Jahrhundert vorbehalten. Die unauflösbare und unbewußte Verbundenheit von Mensch und Welt war ihm noch eine absolute Gegebenheit, mit der sein Geist mit den Waffen wissenschaftlicher Empirie zu ringen begann. Die moderne Medizin, welche die Seele nicht mehr als ein bloßes Anhängsel des Körpers verstehen kann und daher den sogenannten «psychischen Faktor» mehr und mehr in Betracht zu ziehen beginnt, nähert sich in gewissem Sinne wieder der paracelsischen Vorstellung des seelisch belebten Stoffes, wodurch auch die ganze geistige Erscheinung des PARACELSUS selber in ein neues Licht tritt. Wie PARACELSUS einst ein Bahnbrecher der medizinischen Wissenschaft war, so wird er uns heute, wie es scheint, zum Symbol einer wichtigen Veränderung unserer Anschauung vom Wesen der Krankheit sowohl wie vom Wesen des Lebendigen überhaupt.

II

PARACELSUS ALS ARZT[1]

Wer einigermaßen mit den Schriften jenes großen Arztes, dessen 18
Erinnerung wir heute feiern, bekannt ist, weiß, daß es schlechthin unmöglich ist, im Rahmen eines Vortrages mit auch nur annähernder Vollständigkeit all das darzustellen, was seinen Namen unsterblich gemacht hat. Er war ein gewaltiger Sturmwind, welcher alles auseinanderriß und alles zusammenwirbelte, was sich irgendwie von der Stelle rücken ließ. Wie ein Vulkanausbruch hat er gestört und zerstört, aber auch befruchtet und belebt. Man kann ihm nicht gerecht werden: man kann ihn immer nur unter- oder überschätzen, und darum ist man mit der eigenen Bemühung, wenigstens einen Teil seines Wesens genügend zu erfassen, stets unzufrieden. Auch wenn man sich darauf beschränkt, nur den «Arzt» PARACELSUS zu beschreiben, so begegnet man eben diesem «Arzt» auf so vielen verschiedenen Ebenen und in so vielen verschiedenen Gestalten, daß jeder Darstellungsversuch klägliches Stückwerk bleibt. Auch hat seine schriftstellerische Fruchtbarkeit wenig zur Klärung des unendlich verworrenen Stoffes beigetragen, zum allerwenigsten die Tatsache, daß die Frage der Echtheit einiger, nicht unbedeutender Schriften noch im Dunkeln liegt, nicht zu reden von den zahllosen Widersprüchen und einer wuchernden Arkanterminologie, welche ihn zu einem der größten «tenebriones» des Zeitalters macht. Alles hat bei ihm größtes Ausmaß; man kann auch ebensogut sagen: Alles ist bei ihm übertrieben. Lange, dürre Wüsten wilden Geschwätzes

[1] [Vortrag, gehalten anläßlich der Feier zum 400. Todesjahr des PARACELSUS im Rahmen der Schweizerischen Gesellschaft zur Geschichte der Medizin und der Naturwissenschaften an der Jahresversammlung der Naturforschenden Gesellschaft, 7. September 1941 in Basel. Erstmals veröffentlicht in: *Schweizerische medizinische Wochenschrift* LXXXI/40 (Basel 1941) pp. 1153–1170. Ferner in: C. G. JUNG, *Paracelsica. Zwei Vorlesungen über den Arzt und Philosophen Theophrastus.* (Vgl. Bibliographie.)]

wechseln ab mit Oasen überquellenden Geistes, dessen Leuchtkraft erschüttert und dessen Reichtum so groß ist, daß man das leidige Gefühl, irgendwo habe man die Hauptsache übersehen, nie mehr loswird.

19 Leider kann ich mich nicht rühmen, ein PARACELSUS-Spezialist zu sein und mithin eine völlige Kenntnis der *«Opera omnia Paracelsi»* zu besitzen. Wenn man in der Lage ist, noch etwas anderes wissen zu müssen als gerade PARACELSUS, so kann man es kaum ermöglichen, die zweitausendsechshundert Folioseiten der HUSERschen Ausgabe von 1616 oder gar die noch ausführlichere SUDHOFFsche Gesamtausgabe gewissenhaft durchzustudieren. PARACELSUS ist ein Meer oder – weniger freundlich – ein Chaos, und insofern er eine historisch beschränkte menschliche Persönlichkeit ist, kann man ihn als einen alchemistischen Schmelztiegel bezeichnen, in welchen die Menschen, Götter und Dämonen jener ungeheuerlichen Zeit der ersten Hälfte des 16. Jahrhunderts, jeder einzeln, ihren besonderen Saft gegossen haben. Das erste, was einem bei der Lektüre seiner Schriften auffällt, ist sein galliges und streitsüchtiges Temperament. Die schulgerechten Ärzte bekämpft er wütend auf der ganzen Linie, ebenso ihre Autoritäten, den GALEN, AVICENNA, RHAZES und wie sie alle heißen. Eine Ausnahme machen (außer HIPPOKRATES) nur die alchemistischen Autoritäten, wie HERMES, ARCHELAOS, MORIENUS und andere, die er mit Wohlwollen und Achtung zitiert. Überhaupt bekämpft er weder Astrologie [2] noch Alchemie, noch irgendeine der volkstümlichen Superstitionen. Aus letzterem Grunde bilden seine Werke eine folkloristische Fundgrube. Es gibt, außer den theologischen, gewiß nur wenige Traktate aus der Feder des PARACELSUS, welche keine Andeutungen seiner fanatischen Gegnerschaft gegen die Schulmedizin enthalten. Man stößt immer wieder auf affektvolle Äußerungen, welche seine Bitterkeit und persönliche Gekränktheit verraten. Man sieht deutlich, daß es sich längst nicht mehr um sachliche Kritik handelt, sondern vielmehr um den Niederschlag vieler persönlicher Enttäuschungen, die wohl darum so besonders bitter sind, weil er keinerlei Einsicht in sein eigenes Verschulden hat. Ich erwähne diesen Umstand nicht, um seine persönliche Psychologie zu erläutern, sondern um einen der Haupteindrücke zu nennen, welche der

[2] d.h. nicht im Prinzip. Gewissen abergläubischen Mißbrauch der Astrologie verwirft er ausdrücklich.

Leser paracelsischer Schriften erhält. Sozusagen auf jeder Seite tritt in dieser oder anderer Weise das Menschliche, oft allzu Menschliche dieser ebenso starken wie sonderbaren Persönlichkeit hervor. Es wird ihm die Devise zugeschrieben: «Alterius non sit, qui suus esse potest», «Es sei nicht eines andern, der sein eigen sein kann», und wenn es dazu eines rücksichtslosen, ja brutalen Unabhängigkeitswillens bedürfen sollte, so fehlen uns die literarischen sowohl wie biographischen Beweise für die Existenz eines solchen wahrhaftig nicht. Dieser rebellischen Trotzhaltung und Härte steht, wie das so sein muß, einerseits seine treue Anhänglichkeit an die Kirche, andererseits seine Weichheit und Einfühlung gegenüber dem Kranken, und besonders dem mittellosen Kranken, entgegen.

Einerseits ist PARACELSUS Traditionalist, andererseits Revolutionär. Er ist konservativ in bezug auf die Grundwahrheiten der Kirche, der Astrologie und der Alchemie, skeptisch und aufrührerisch aber gegen die Schulmeinungen der Medizin, und zwar in praktischer wie theoretischer Hinsicht. Diesem letzteren Umstande verdankt er wohl in erster Linie seine Zelebrität, denn es erscheint mir persönlich schwer, anzugeben, welche sonstigen ärztlichen Entdeckungen *grundsätzlicher Natur* auf PARACELSUS zurückgeführt werden könnten. Die uns heutzutage als wichtig erscheinende Einbeziehung der chirurgischen Kunst in den Gesichtskreis der Medizin bedeutete für PARACELSUS nicht etwa die Herausarbeitung einer neuen Wissenschaft, als vielmehr das Mithereinnehmen der Bader- und Feldschererkünste neben jener der Hebammen, Hexen, Zauberer, Astrologen und Alchemisten. Es scheint mir, ich sollte meine Leser um Entschuldigung bitten für den ketzerischen Gedanken, daß PARACELSUS heute wohl unzweifelhaft der Anwalt aller jener Künste wäre, welche die auf den Universitäten vertretene Medizin vom Ernstnehmen ausschließt, also die Osteopathie, Magnetopathie, Augendiagnose, diverse Ernährungsmonomanien, Gesundbeten usw. Vergegenwärtigen wir uns für einen Augenblick die emotionalen Zustände unserer klinischen Lehrer bei einer Fakultätssitzung, an der auch die Ordinarii der Augendiagnose, der Magnetopathie und der Christian Science teilnehmen würden, so begreifen wir ohne weiteres jene unangenehmen Gefühle der Basler Fakultät, als PARACELSUS die klassischen Lehrbücher der Medizin verbrannte, deutsche Vorlesungen hielt und, statt im prestigehaltigen Talar des Medizinmannes, im würdelosen Laborantenkittel sich auf der Straße zeigte. Mit der Herrlichkeit der

Basler Karriere des «Waldesels von Einsiedeln» (wie er benannt wurde), war es dann auch raschestens vorbei. Der lemurenhafte Troß paracelsischen Geistes war dem damaligen Bürger-Arzt eben doch zuviel.

21 Wir besitzen das kostbare Zeugnis eines ärztlichen Zeitgenossen, nämlich des gelehrten Doctoris Medicinae Conrad Gessner von Zürich, in Gestalt eines lateinischen Briefes an den kaiserlichen Leibarzt Crato von Craftheim vom 16. August 1561 [3]. Der Brief ist allerdings zwanzig Jahre nach dem Tode des Theophrastus geschrieben, atmet aber noch die Atmosphäre paracelsischen Wirkens. In diesem Brief antwortet Gessner auf eine Anfrage Cratos, daß er kein Verzeichnis der paracelsischen Schriften besitze und sich auch nicht bemühe, ein solches zu haben, weil er nämlich den Theophrastus für ganz und gar unwert erachte, unter anständigen Autoren erwähnt zu werden, oder auch nur unter bloß christlichen, oder gar nur bürgerlich Rechtschaffenen (pios saltem civiliter), wie es auch die Heiden waren. Er und seine Schüler seien arianische Ketzer. Er sei ein Zauberer gewesen und habe Umgang mit Dämonen gehabt. «Der Basler Carolostadius», fährt Gessner fort, «genannt Bodenstein [4], hat vor wenigen Monaten einen Traktat des Theophrastus ‹De anatome corporis humani› hieher zum Drucken gesandt. Er 〈scilicet Theophrastus〉 spottet darin über die Ärzte, welche die einzelnen Körperteile untersuchen und deren Lage, Gestalt, Zahl, Beschaffenheit usw. mit Sorgfalt darstellen, die Hauptsache aber vernachlässigen, nämlich, zu welchen Gestirnen und zu welchen Regionen des Himmels jeder Teil gehöre.»

22 Mit dem lapidaren Satz: «Sed Typographi nostri imprimere noluerunt, – aber unsere Typographen haben die Drucklegung verweigert», schließt Gessners Bericht. Wir entnehmen daraus, daß Paracelsus nicht unter die «boni scriptores» zählt. Er steht sogar unter dem gewissen Verdachte der Zauberei verschiedenster Art und – noch schlimmer – der arianischen Häresie [5]. Beide Beschuldigungen betreffen todeswürdige Verbrechen in damaliger Zeit. Bei solchen Vorwürfen wird etwas

3 *Epistolarum Conradi Geßneri* libri III, fol. 2$^{v—r}$.

4 Adam von Bodenstein, Herausgeber der *Vita longa* und Schüler des Paracelsus in Basel.

5 Paracelsus selber erwähnt den Vorwuf «Haeresiarcha» in: *Das Buch Paragranum,* p. 18.

von der sogenannten Reiselust beziehungsweise Unrast des PARACELSUS verständlich, welche ihn nämlich sein Leben lang nirgends litt, sondern von Stadt zu Stadt durch halb Europa trieb. Er durfte mit gutem Recht um seine Haut besorgt sein. Was GESSNER der *«Anatome corporis humani»* vorwirft, besteht zurecht, insofern PARACELSUS tatsächlich die damals aufkommenden Sektionen verspottete, weil die Ärzte an den aufgeschnittenen Organen doch nichts sähen. Ihm kam es hauptsächlich auf die kosmischen Zuordnungen an, so wie er sie in der astrologischen Tradition vorfand. Die Lehre des «Astrum in corpore» ist sogar seine Haupt- und Lieblingsidee, der wir überall in den verschiedensten Abwandlungen begegnen. Getreu der Auffassung des Menschen als Mikrokosmos setzte er das «Firmament» in den Körper des Menschen und bezeichnete es als «Astrum» oder «Sydus». Es war für ihn ein endosomatischer Himmel, dessen Gestirnslauf mit dem astronomischen Himmel nicht übereinstimmt, sondern mit der individuellen Nativität, dem «Ascendenten» oder «Horoscopus» seinen Anfang nimmt.

Das Beispiel GESSNERS hat uns gezeigt, wie PARACELSUS von einem 23
nicht nur zeitgenössischen, sondern auch maßgebenden Kollegen beurteilt wurde. Wir müssen nun aber versuchen, ein Bild des *Arztes* PARACELSUS aus dessen eigenen Schriften zu gewinnen. Zu diesem Zwecke möchte ich dem Meister soviel wie möglich das Wort lassen; aber weil dieses Wort ein «etwas altertümliches, aber kräftiges Deutsch» ist und daneben noch eine Reihe seltsamer Kunstwörter benützt, so muß ich wohl hie und da kommentierend eingreifen.

Zur Funktion des Arztes gehört die Ausrüstung mit einem spezifi- 24
schen Wissen. Auch PARACELSUS ist dieser Meinung [6]. Er hat, wie es scheint, zu Ferrara studiert und dort den medizinischen Doktorgrad erworben. Dort wurde er auch mit den Kenntnissen der damaligen klassischen Medizin eines HIPPOKRATES, GALEN und AVICENNA ausgerüstet, nachdem er schon von seinem Vater eine gewisse Vorbildung empfangen hatte. Hören wir nun, was er über den «kunstreichen» Arzt zu sagen hat. Im *«Buch Paragranum»* lesen wir [7]: «Was ist nuhn Kunst-

[6] Dies allerdings mit einer seltsamen Einschränkung! So sagt PARACELSUS, daß ein «erdichter» Arzt hundertmal mehr Fleiß brauche als ein natürlicher, weil letzterem offenbar alles aus dem «natürlichen liecht» zukommt.

[7] p. 105.

reiche eines Artzts? daß er wiß / wz den unempfindtlichen ⟨nicht wahrnehmbaren⟩ dingen nutz sey / und zuwider sey / was den beluis marinis / wz den Fischen / was den Brutis angenehm und unangenehm sey / was in gesundt und ungesundt sey: daß sind kunstreiche ding / betreffend natürliche ding. Was mehr? die Wundtsegen und ihr kräfft / von wannen oder auß was sie das thund / was auch sey: was Melosina sey / wz Syrena sey / wz Permutatio, Transplantatio und Transmutatio sey / un̄ wie sie mit vollkom̄enem verstand zu fassen seind: was über die Natur sey / was über die arth sey / was über das Leben sey / was das sichtbar / und was dz unsichtbar sey / was die süsse unnd was das bitter geb / was da schmeck / was der tod sey / was dem Fischer diene / was dem Lederer / was dem Gerber / was dem Ferber / was dem Schmidt der Metallen / was dem Schmid des Holtzs zuwissen sei / was in die Küchen gehört / was in Keller gehört / wz in Garten gehört / was der Zeit gehört / was ein Jäger weiß / was ein Bergmann weiß / was eim Landfarer zustehet / was eim bleibenden zusteht / was Kriegsleuff bedörffen / was Fried mach / was den Geistlichen / was Weltlichen ursach gebe / was jedtwederer Stand mach / wz jedweder Stand sey / wz jedweders Standts ursprung sey / waß Gott / waß Sathan sey / waß Gifft / was Giffts wieder sey / was inn Frauen / wass in Mannen / was unterscheidt zwischen Frauen unnd Jungfrauen / zwischen Gelben und Bleichen / zwischen Weissen und Schwartzen / unnd Roht unnd Falben / inn allen dingen / warum̄ die Farb da / ein ander da / warumb Kurtz / warumb Lang / warumb Gerathen / warumb Fehlen: unnd was diese Adepterey an trifft in allen dingen.»

Dieses Zitat führt uns, sozusagen mit einem Schlag, in die typisch Paracelsische Empirie ein: wir sehen ihn als wandernden Scholaren mit allerhand «fahrenden Leuth» auf der Landstraße, er kehrt beim Dorfschmied an, der als medizinische Autorität allerhand Wund- und Blutsegen weiß. Er hört kräftiges «Latein» von Jägern und Fischern, Wundergeschichten von Land- und Wassertieren, etwa von der hispanischen Baumgans, die sich in der Putrefaktion in Schildkröten verwandelt, oder von der Fruchtbarkeit des Windes in Portugal, welcher in einer auf eine Stange gesteckten Strohgarbe Mäuse erzeugt [8]. Der Fährmann er-

[8] *Liber Azoth*, p. 578. Er behauptet, die Verwandlung der Baumgans selber gesehen zu haben.

zählt vom *Lorind,* der das geheimnisvolle «geschrey und gethön des Wassers» verursacht [9]. Tiere sind krank und heilen sich wie Menschen, ja von den Bergleuten hört man sogar von Metallkrankheiten, vom Aussatz des Kupfers und ähnlichen Dingen [10]. Das alles sollte der Arzt wissen. Er sollte die Wunder der Natur und die seltsame Übereinstimmung des menschlichen Mikrokosmos mit der großen Welt kennen, und zwar nicht nur mit dem sichtbaren Universum, sondern auch mit den unsichtbaren, kosmischen «arcanis», den Geheimnissen. Wir begegnen auch sofort einem derartigen arcanum, nämlich der *Melosina,* um die der Arzt auch wissen sollte. Die Melosina ist ein zauberisches Wesen, welches einesteils, wie schon der Name andeutet, der Folklore, andernteils aber zur alchemistischen Geheimlehre des PARACELSUS gehört, wie auch die Erwähnung in Zusammenhang mit permutatio und transmutatio dartut. Nach seiner Auffassung wohnen die Melusinen im Blute, und insofern das Blut der uralte Seelensitz ist, so steht zu vermuten, daß sie eine Art anima vegetativa ist. Sie ist im Grunde genommen nichts anderes als eine Variante des spiritus mercurialis, der im 14. und 15. Jahrhundert auch als weibliches Monstrum dargestellt wurde. Ich muß es mir leider versagen, auf diese für die Paracelsische Arkanlehre so bedeutsame Gestalt hier des näheren einzutreten. Sie würde uns etwas zu tief in die Geheimnisse der alchemistischen Spekulation hineinführen. Wenn man aber den wirklichen PARACELSUS darstellen will, so kann man nicht umhin, auch das Hinter- und Untergründige dieses mittelalterlichen Geistes wenigstens zu erwähnen.

Wenden wir uns wieder unserem besonderen Thema zu, nämlich der 26
Wissenschaft des Arztes, wie sie PARACELSUS sieht! Im *«Buch Paragranum»* heißt es: der Arzt «sicht uñ weiß ausserhalben dem Menschē alle kranckheitē» [11], (und an anderer Stelle:) «dz der Artzt auß den eussern dingen wachsen soll / unnd nicht auß dem Menschen.» [12] «Darumb vor den Augen wachßt der Artzt / und durch das vorder sicht

[9] *De Caducis,* Paragr. II, p. 253 ff.

[10] *Paragranum,* Die «leprositas aeris» ist übrigens eine bekannte alchemistische Vorstellung. «Der Rost macht erst die Münze wert» (GOETHE, *Faust,* 2. Teil).

[11] *Paragranum,* p. 33.

[12] l. c., p. 39.

er was hinder ihm ist / das ist: Bey dem eussern sicht er das inner. Allein die eussern ding geben die erkandtnuß des inneren / sonst mag kein inner Ding erkandt werden.» [13] Damit soll gesagt sein, daß der Arzt sein Wissen um die Krankheit weniger aus dem kranken Menschen, als vielmehr aus anderen, scheinbar mit dem Menschen nicht zusammenhängenden Naturerscheinungen bezieht, so vor allem aus der Alchemie. «Wissen sie das nicht», sagt Paracelsus, «so wissen sie die Arcana nicht: Unnd wissen sie nicht was Kupffer macht / unnd was die Vitriolata gebiert / so wissen sie auch nicht / was den Aussatz macht: Wissen sie auch nicht was den Rost auff dem Eisen macht / so wissen sie auch nicht was die Ulcerationes macht: Wissen sie auch nicht was die Erdbidem macht / so wissen sie auch nicht was die Kalten Wehe macht. Die eussern lernen unnd zeigen an was dem Menschen gebrist ⟨Bresten verursacht⟩ / unnd der Mensch zeigt sein bresten selbst nit an.» [14]

27 Man sieht: der Arzt erkennt zum Beispiel aus den Krankheiten der Metalle, was die Krankheit des Menschen ist. Der Arzt muß überhaupt ein *Alchemist* sein. Er muß die scientia Alchimiae verwenden, nicht «wie die Mompelierischen Apotecker handlen ... mit ihren sudelküchlin», das sind «schwaderlappen / daß die Säw lieber Dreck fressen» [15]. Er muß die Gesundheit und Krankheit der Elemente kennen [16]. Die «Species Lignorū, Lapidum, Herbarum» sind ebensoviele *auch im Menschen,* daher muß der Arzt sie alle kennen. Das Gold zum Beispiel ist im Menschen ein «Natürlich Confortatiff» [17]. Es gibt eine «eusser kunst der Alchimey», aber auch eine «Alchimia microcosmi», als welche der Verdaungsprozeß erscheint. Der Magen ist, nach Paracelsus, der Alchemist im Bauche. Erstens muß der Arzt Alchemie kennen, um die Medikamente zu erzeugen, insbesondere die sogenannten arcana, als da sind «Aurum potabile», die «Tinctura Rebis», die «Tinctura procedens», das «Elixir Tincturae» und wie sie alle heißen [18]. Wie so oft, spottet hier Paracelsus seiner selbst «und weiß nicht wie», sagt er doch von

[13] l. c., p. 53.
[14] l. c., p. 35 [von Jung hervorgehoben].
[15] *Labyrinthus medicorum,* Kp. V, p. 166.
[16] l. c., Kp. III, p. 158 ff.
[17] l. c., Kp. IV, p. 161.
[18] De morbis amentium tractatus secundus, Kp. VI, p. 73.

den akademischen Ärzten: «Ihr seid jedermann Rotwelsch / und habt euch seltzam Dictionarios und Vocabularios gemacht / wers ansicht / mag unbeschissen nicht hinwegkom̄en / und schickents mit solchem seltzamen Rotwelsch in die Apotheck / daß sie es selbst im Garten besser hetten.» [19] Die Arkanmittel spielen in der paracelsischen Therapie eine große Rolle (besonders in der Behandlung der Geisteskrankheiten!). Sie gehen aus der alchemistischen Prozedur hervor. «Dann in den arcanis», sagt er, «wirdt der Dufststein Hyacint / der Leberstein ein Alabaster, Kißling ein Granat / der Leim ⟨Laim = Lehm⟩ ein edler Bolus, der Sandt Perlin / die Nesseln Manna, Ungula ein Balsam. Hierinnen ligt beschreibung der dingen / in diesen dingen soll der Artzt gegründet sein.» [20] Und schließlich ruft PARACELSUS aus: «Ist es nit also / dz Plinius kein prob nie bewiesen hat? Was hat er dan̄ geschrieben? was er gehört hat von den Alchimisten. So du es nit weisst un̄ kennest wer sie sind / du bist ein Hümpelartzt.» [21] Sodann braucht der Arzt alchemistische Kenntnisse, um aus den Krankheiten der minera die Krankheiten des Menschen per analogiam zu diagnostizieren. Und endlich ist *er selber* das subiectum, das heißt der Gegenstand, des alchemistischen Wandlungsprozesses. Er wird durch denselben «zeitig» gemacht, das heißt gereift.

Diese schwer verständliche Bemerkung bezieht sich wiederum auf 28
die Geheimlehre. Die Alchemie ist nämlich nicht nur eine chemische Unternehmung in unserem Sinne, sondern – und dies vielleicht noch in höherem Maße – eine philosophische Wandlungsprozedur, das heißt eine sonderbare Art von Yoga, insofern auch der Yoga seelische Wandlung bezweckt. Aus diesem Grunde haben auch die Alchemisten die transmutatio in Parallele gesetzt zur christlich-kirchlichen Wandlungssymbolik.

Aber nicht nur Alchemist soll der Arzt sein, sondern auch *Astrolog* [22]. 29
Denn eine zweite Erkenntnisquelle für ihn ist das *Firmament* oder der *Himmel.* Im *«Labyrinthus medicorum»* sagt PARACELSUS, daß die

[19] *Paragranum,* p. 32.

[20] l. c., p. 65.

[21] l. c., p. 80 und ähnlich p. 83.

[22] PARACELSUS macht zwischen Astronomie und Astrologie keinen eigentlichen Unterschied.

Sterne im Himmel müssen «zusammen kuppelt werden» und der Arzt müsse «den Firmamentischen Sententz daraus nemmen»[23]. Ohne diese Kunst der astrologischen Konstellationsdeutung sei der Arzt ein «Pseudomedicus». Das Firmament ist nämlich nicht bloß der kosmische Sternhimmel, sondern ein corpus, welches seinerseits ein Teil oder Inhalt des sichtbaren, menschlichen Körpers ist. «Wo das Corpus ligt», sagt er, «da samlen sich auch die Adler ... Dann wo die Artzney ist, da samlen sich auch die Artzet.»[24] Das firmamentische «Corpus» ist eine körperhafte Entsprechung[25] des astrologischen Himmels. Und insofern die astrologische Konstellation die Diagnose ermöglicht, gibt sie zugleich den Hinweis auf die Therapie. In diesem Sinne liegt im Firmament auch die «artzney». Die Ärzte «sammeln sich» um das firmamentische «Corpus» wie die Adler um das Aas, weil, wie PARACELSUS mit nicht gerade schmackhaftem Vergleich sagt, das «ass des natürlichen liechts» im Firmament liege. Das «Corpus sydereum» ist mit andern Worten die *Quelle der Erleuchtung* durch das «lumen naturae», das «natürliche liecht», welches nicht nur in den Schriften unseres Autors, sondern auch in seiner ganzen Auffassungsweise die denkbar größte Rolle spielt. Die intuitive Formulierung dieser Anschauung ist nach meiner unmaßgeblichen Ansicht die bedeutendste geistesgeschichtliche Tat, um derentwillen niemand des PARACELSUS unsterblichen Nachruhm neiden möge. Diese Anschauung wirkte zwar auf die Zeitgenossen und noch mehr auf die folgenden Generationen sogenannter mystischer Denker. Aber die in ihr schlummernde allgemein-philosophische und spezielle gnoseologische Bedeutung hat ihre höchste Entwicklungsmöglichkeit noch nicht erfüllt. Die Zukunft wird davon noch zu reden haben.

30 Der Arzt soll diesen inneren Himmel erkennen. «Dan̄ so er den Himmel nur eusserlich weißt / so bleibt er ein Astronomus un̄ ein Astrologus: So ers aber im Menschen ordnet / so weißt er zween Himmel. Nuhn machen zwey wissend einen Artzt auff den theil / das die oberen Sphaer antrifft. Nuhn muss hierinn das ohne gebresten im Artzt ligen / das er

[23] Kp. II, p. 156.

[24] l. c., p. 157.

[25] Ein «Corpus» im Menschen entspricht dem oberen Gestirn (*Paragranum*, p. 49). Wie im Himmel, so schweben auch im Körper die Sterne frei, unvermischt, haben unsichtbare Wirkung wie die arcana (l. c., p. 50).

weißt den Caudam Droconis im Menschen / und wisse den Arietem unnd Axem Polarem / wisse sein Lineam Meridionalem / sein Orient / sein Occident.» «Bey dem eussern sicht er das inner.» «Also im Menschen ein Firmament / wie im Himmel / nicht aber von eim stuck / sondern es sind zwey. Dan̄ die Handt / die Liecht und Finsternuß gescheiden hat / und die Hand die Himmel und Erden gemacht hatt / hat das unter im Microcosmo auch gemacht / auß dem obern genommen / und beschlossen in die Haut des Menschen / alles was der Himmel begreifft. Darumb so ist uns d'eusser Himmel ein Wegweiser des innern Himmels: Wer wil dann ein Artzt sein / der den eussern Himmel nit erkennt? Dann im selbigen Himmel sind wir / und er ligt uns vor den Augen: Und der Him̄el in uns / ligt uns nit vor den Augen / sondern hinder den Augen / darumb so mögen wir ihne nicht sehen. Dann wer sicht durch die Haut hinein? niemands.» [26]

Man denkt hier unwillkürlich an KANTS berühmten Auspruch vom 31
«gestirnten Himmel über mir» und vom «moralischen Gesetz in mir», dessen «kategorischer Imperativ» die stoische heimarmene, den Gestirnszwang, psychologisch vollgültig ersetzt hat. Es ist wohl unzweifelhaft, daß die Intuition des PARACELSUS hier von der hermetischen Grundidee des «Himmel oben, Himmel unten» beeinflußt wurde [27]. Er hat in seiner Konzeption vom inneren Himmel wohl ein urtümliches Bild erschaut, das, um seiner ewigen Natur willen, nicht nur ihm, sondern vielen und zu verschiedenen Zeiten und an verschiedenen Orten gegeben war. In jedem Menschen, sagt er, ist ein besonderer Himmel, ganz und unzerbrochen. «Dann ein kindt / das empfangen wirt / das hat jetzt sein Himmel.» [28] «Wie d' groß Himmel stehet / also Imprimirt er den Himmel in der geburt. [29] Der Mensch hat «sein Vatter . . . im Himmel / und auch im Lufft / und ist ein Kind das auß dem Luft und auß dem Firmament gemacht ist und geborn.» Es gibt eine «Linea lactea» im

[26] *Paragranum*, p. 52 f.

[27] PARACELSUS kannte jedenfalls den Text der *Tabula smaragdina*, welche die klassische Autorität der mittelalterlichen Alchemie ist. Der Text lautet: «Quod est inferius, est sicut quod est superius. Quod est superius, est sicut quod est inferius. Ad perpetranda miracula rei unius.»

[28] *Paragranum*, p. 57.

[29] l. c., p. 57.

Himmel und in uns. Die Galaxa geht durch den bauch [30]. Ebenso sind die poli und der zodiacus im menschlichen Leibe. «So ist von nötten / dz ein Artzt der Ascendenten / der Coniunctionen / d'Planeten Exaltation / etc. un̄ alle Constellation erken̄e / verstande un̄ wiß: Unnd so ers weißt aussen im Vatter / so volgt jetzund hernach / wie er den Menschen einbringe / dieweil die zal so groß ist der Menschen / unndt ihr viel seindt: Wo er finde den Himmel in einem jedlichen mit seiner Concordantz / wo gesundt / wo kranck / wo anfang / wo außgang / wo ende / wo todt. Dann der Himmel ist der Mensch / unnd der Mensch ist der Himmel / unnd alle Menschen ein Himmel / unnd der Himmel nur ein Mensch.» [31] Der sogenannte «Vatter im Himmel» ist der gestirnte Himmel selber. Der Himmel ist der homo maximus, und das corpus sydereum ist, wenn man so sagen darf, der Vertreter des homo maximus im Individuum. «Nuhn ist der Mensch nicht auß dem Menschen geboren: Dann im ersten Menschen ist kein Vormensch gewesen / sondern die Creatur / un̄ auß den Creatis ist der Limbus / und der Limbus ist der Mensch worden / und der Mensch ist d' Limbus blieben. So er nuhn der blieben ist / so muss er je / dieweil er mit der haut beschlossen ist (und niemands sicht hinein / unnd die wirckung seind nicht sichtbar in ihm) auß dem Vatter fürgenommen werden / und nicht auß ihm selbst. Dann der eusser Himmel unnd sein Himmel ist ein Himmel / aber zween theil. Wie ein Vatter unnd ein Sohn seind zween / ist ein Anatomey / der einen erkennt / der erkennt auch den andern.» [32]

32 Der himmlische Vater, eben der große Mensch, fällt auch in Krankheit, und daraus kann man Diagnose und Prognose für den Menschen

[30] l. c., p. 48. Vgl. die anschauliche Schilderung in: *De ente astrali (Fragmenta ad Paramirum,* p. 112 f.): «Der Himmel ist ein Geist / und ein Dunst / in dem wir wohnen gleich wie ein Vogel in der zeit. Nicht allein die Sternen / oder Mond / usw. machen den Himmel / sondern es seindt Sternen bey uns / dieselben machen jhn auch / die wir nit sehen und in uns seind . . . Duplex est Firmamentum, Coeli et Corporum, et illa habent concordantiam ad inuicem, et non Corpus ad Firmamentum . . . die stercke deß Menschen kompt auß dem obern Firmament / und alle sein krafft steht in jm. Wie dasselbig starck oder schwach ist: Also ist auch das Firmamēt im Cörper . . .»

[31] *Paragranum,* p. 56.

[32] l. c., p. 55. [Von JUNG hervorgehoben.]

stellen. Der Himmel ist aber, wie PARACELSUS sagt, sein eigner Arzt, «wie ein Hund seiner wunden», was beim Menschen aber nicht der Fall ist. Darum muß, wie er sagt, der Mensch «sein vatter erstatten mit kranckheiten unnd gesundtheiten. Und sehend / das glid hat Mars gemacht / das hat Venus gemacht / das hatt Luna gemacht» usw. [33]. Was offenbar heißen will, der Arzt müsse Krankheit und Gesundheit aus dem Zustande des Vaters, also des Himmels, ersehen. Das Gestirn ist recht eigentlich ätiologisch. «Nun gehet», sagt er, «alle Infection ann im Gestirne / unnd vom Gestirn volget es hernach in Menschen: Das ist / so der Him̄el für ist / so fahet der Mensch an. Nuhn ist es nicht / das der Himmel hinein in Menschen stoss: Darumb wir nit sollen Rauch noch Gschmack machen: Sondern das Gstirn im Menschen / das ist in der Hand Gottes verordnet / nachzuthun / das der Himmel eusserlich anhebt und gebiert / darumb muss es hernach im Menschen. Wiewohl die Sonn durch ein Glaß scheint / der Monn auff der Erden ein Liecht gibt: Das ist aber nicht gegen dem Menschen also seines leibs verderben / zu den kranckheiten. Dann als wenig die Sonn in das ort selbst kompt / also wenig kommen die Gstirn in den Menschen / und ire Radij geben dem Menschen nichts: Dan̄ Corpora müssens thun / und nit Radij / das sind Corpora Microcosmi Astralia / die des Vatters Art erben.» [34] Die «Corpora Astralia» sind gleichbedeutend mit dem bereits erwähnten corpus sydereum sive astrale. An einem andern Ort sagt er «auß dem Vatter kommen die kranckheiten» [35] und nicht aus dem Menschen, wie auch der Holzwurm nicht aus dem Holz komme.

Wie für die Diagnose und Prognose das Astrum von Bedeutung ist, 33
so auch für die *Therapie.* «Dann hierauß entspringt die ursach / so dir der Himmel ungünstig ist / und wil dein Artzney nit leytten / dz du nichts außrichtest: Der Himmel muß dirs leytten. Darumb so ligt die kunst hie an dem orth / in dem das du nicht sagen solt / Melissa ist ein Mutterkraut / Maiorana ist zum Haupt: Also reden die unverstendigen. Solches ligt in der Venus und in Luna: So du sie wilt also haben / wie du fürgibst / so mußt ein günstigen Himmel haben / sonst wirdt kein wirckung geschehen. Da ligt die irrung / die in der Artzney überhandt genommen hatt: Gib nur ein / hilffts so hilffts. Solcher Practiken kunst

33 l. c., p. 60.
34 l. c., p. 54.
35 l. c., p. 48.

kan ein jedlicher Baurenknecht wol / darff keins Avicennae darzu / noch Galeni.» [36] Wenn der Arzt das corpus astrale mit dem Himmel, das heißt den physiologischen Saturn, nämlich die Milz, oder den Jupiter, beziehungsweise die Leber, in die richtige Verbindung bringt, dann sei der Arzt, wie Paracelsus sagt, «auff dem richtigen Weg». «Und das er darnach wisse den Astralischen Mars und den gewachsenen Mars ⟨eben das corpus astrale⟩ einander unterthenig zu machē / und zu coniungieren unnd vergleichen: Dann hierinn ligt der Butz / den noch nie kein Artzt vom Ersten biß auff mich gebissen hatt. Also wirdt das verstanden / das die Artzney soll in die Gestirn bereit werden / und das sie Gestirn werden. Dann die Obern Gestirn kräncken unnd tödten / machen auch gesundt. Nuhn ſoll do etwas beschehen / so mags ohne die Astra nicht geschehen. Sols nuhn mit den Astris geschehen / also in dem weg / das die bereitung dahin gebracht werde / das zu gleicher weiß die artzney durch den Himmel werd gemacht und bereit.» [37] Der Arzt muß «der Artzney arth erkennen nach dem Gestirn / das also oben unnd unden Astra sindt. Und dieweil die Artzney nichts soll ohne den Him̄el / so muß sie durch den Himmel gefürt werden.» Das heißt die astrale Influenz muß auch die alchemistische Prozedur, beziehungsweise die Herstellung der Arkanmittel regieren. So sagt Paracelsus: «Und der lauff des Himmels lernet den Lauff und das Regiment des Feurs in dem Athanar [38]. Dann die Tugent / so im Saphir liget / gibt der Him̄el durch Solutionem / unnd Coagulationem / unnd Fixationem.» [39] Von der praktischen Anwendung des Medikamentes sagt er, die Arznei ist «inn dem willen der Gestirne / unnd wirdt vom Gestirn gefürt und geleitet. Das also zum Hirn gehört / das wirdt zum Hirn durch Lunā geführt: Was zum Miltze gehört / wirdt zum Miltze durch den Saturnum gefürt: Was zum Hertzē gehört / wirdt durch Solem zum Hertzen geleyt: Und also durch Venerem die Nieren / durch Iouem die Lebern / durch Martem die Gallen. Unnd also nicht allein mit denen / sondern auch mit allen andern / unaußsprechlich zu melden.» [40]

[36] l. c., p. 73.
[37] l. c., p. 72 f.
[38] dem alchemistischen Ofen.
[39] *Paragranum*, p. 77.
[40] l. c., p. 73. Es handelt sich hier ebenfalls um alte alchemistische Vorstellungen.

Die Krankheitsnamen sollten ebenso in Beziehung zur Astrologie 34
gebracht werden, wie die «Anatomey», unter welcher PARACELSUS, wie schon angedeutet, nichts anderes versteht als die astrophysiologische Struktur des Menschen, aber beileibe nicht das, was ein VESAL darunter verstanden hat. Nach ihm muß die Anatomie als eine «concordantz mit der machina mundi» aufgefaßt werden. Es genüge nicht, den Körper aufzuschneiden, «wie ein Bawr / der ein Psalter sicht» [41]. Die «Anatomey» bedeutet für ihn etwas wie Analyse. So sagt er: «Magica ist Anatomia Medicinae ... Also zerlegt die Magica alle corpora der Artzney.» [42] Anatomie bedeutet ihm aber auch etwas wie Erinnerung an das ursprüngliche, eingeborene Wissen des Menschen, welches ihm durch das lumen naturae geoffenbart wird. So sagt er im *«Labyrinthus medicorum»:* «Wie vil mühe unnd arbeit hat der Mille Artifex [43] gebraucht / dass dise Anatomey dem Menschen auß der gedechtnus brecht / auff daß er der edlen Kunst vergesse / unnd hatt ihn gefürdert in die schwermerey unnd in andern gugelfuhr / in den kein kunst ist / unnd also die zeit auff Erden unnützlich verzehren. Dann der nichts weist / dem liebt nichts ... Der aber verstehet / der liebts / der merckts / der sichts.» [44]

Bezüglich der Krankheitsnamen meint er, sie sollten nach dem 35
Zodiakus und den Planeten gewählt werden und sollten also etwa lauten: Morbus leonis, sagittarii, Martis usw. Daran hat er sich aber selber nur sehr bedingt gehalten. Er vergißt überhaupt häufig, wie er eine Sache einmal benannt hat und erfindet dann wieder einen neuen Namen dafür, was, beiläufig bemerkt, das Verständnis seiner Schriften keineswegs erleichtert.

So sehen wir, daß bei PARACELSUS Ätiologie, Diagnose, Prognose, 36
Therapie, pathologische Terminologie, Pharmakognosie und Arzneimittelbereitung alle in unmittelbarer Beziehung zu astrologischen Daten stehen und – last not least – die Opportunitäten der Praxis ebenfalls. So ruft er seinen Kollegen zu: «Ihr sollent euch dermassen in wissenheit richten ihr Artzet alle / daß ir kennet ursprung glücks und unglücks:

[41] *Labyrinthus medicorum,* Kp. IV, p. 162.

[42] l. c., Kp. IX, p. 177.

[43] der Teufel.

[44] *Labyrinthus medicorum,* Kp. IX, p. 178.

dieweil ir das nit können / so stehet der Artzney ab.»[45] Das kann auch etwa besagen, daß bei ungünstigen Direktionen, die aus dem Horoskop des Kranken zu ermitteln sind, der Arzt die Möglichkeit habe, sich bei Zeiten dünne zu machen, was angesichts der Handfestigkeit damaliger Zeiten, wie wir auch aus der Lebensgeschichte des großen CARDANUS wissen, nicht unangezeigt war.

37 Aber nicht nur Alchemist und Astrolog, sondern auch *Philosoph* soll der Arzt sein. Was versteht nun PARACELSUS unter «Philosophey»? Um es gleich vorwegzunehmen, Philosophie, wie er sie versteht, hat rein gar nichts zu tun mit unserem Begriff dieser Sache. Es handelt sich bei ihm um eine – wie wir sagen würden – okkulte Angelegenheit. Vergessen wir es nicht, PARACELSUS ist durch und durch Alchemist und treibt alte Naturphilosophie, welche, im Gegensatz zu der modernen Meinung, viel weniger mit Denken als mit *Erleben* zu tun hat. In der alchemistischen Tradition sind die Ausdrücke philosophia, sapientia und scientia wesentlich identisch. Obschon sie einerseits als abstrakte Ideen gehandhabt werden, so sind sie doch seltsamerweise andererseits als stofflich vorgestellt, oder wenigstens als im Stoffe enthalten[46] und nach diesem benannt. Sie treten auf als Quecksilber beziehungsweise Mercurius, Blei beziehungsweise Saturnus, Gold beziehungsweise aurum non vulgi, als Salz beziehungsweise sal sapientiae, als Wasser beziehungsweise aqua permanens usw. Das heißt: diese Stoffe sind arcana, und wie diese ist auch die Philosophie ein arcanum. Praktisch läuft es darauf hinaus, daß die Philosophie gewissermaßen im Stoff verborgen und darum auch im Stoff aufzufinden ist[47]. Es handelt sich, wie ersichtlich, um psychologische Projektionen, das heißt um einen in der Zeit

45 *Paragranum*, p. 67.

46 Es ergibt sich daraus der seltsame, aber charakteristische alchemistische Sprachgebrauch, wie z. B. «Illud corpus est locus scientiae, congregans illam» usw. (MYLIUS, *Philosophia reformata*, p. 123).

47 Der *Liber quartorum* (10. Jahrhundert) spricht direkt von der «Extraktion der Gedanken». Der betreffende Text lautet: «Sedentes super flumina Eufrates, sunt Caldaei, stellarum periti, et judiciorum earum, et sunt priores, qui adinvenerunt extrahere cogitationem.» Diese Bewohner der Euphratufer sind wohl die Ssabier oder Harraniter, deren gelehrter Tätigkeit wir die Übermittlung einer ganzen Reihe von naturwissenschaftlichen Traktaten alexandrinischen Ursprungs verdanken. Wie bei PARACELSUS finden

des PARACELSUS noch deutlich vorhandenen primitiven Geisteszustand, dessen hauptsächlichstes Symptom die *unbewußte Identität* von Subjekt und Objekt ist.

Es schien mir nötig, diese Bemerkungen vorauszuschicken, weil sie 38
das Verständnis des Paracelsischen Philosophiebegriffes erleichtern dürften. So fragt PARACELSUS: «Was ist die Natur anders dañ die Philosophey?» [48] Sie ist im Menschen und außerhalb. Sie ist wie ein Spiegel, und dieser besteht aus den vier Elementen, denn in den Elementen spiegelt sich der Mikrokosmos [49]. Man kann ihn aus seiner «Mutter» [50], das heißt aus der «Materia» der Elemente erkennen. Es gibt eigentlich «zwei Philosophien» (!), nämlich die der unteren und die der oberen sphaera. Die untere betrifft die minera, die obere die astra [51]. Letztere ist eigentlich Astronomie, woraus zu ersehen ist, wie wenig bei PARACELSUS der Begriff der Philosophie von dem der scientia getrennt ist. Dies wird vollends klar, wenn wir hören, daß die Philosophie Erde und Wasser, die Astronomie dagegen Luft und Feuer betreffe [52]. Die Philosophie ist die Erkenntnis der unteren Sphäre. Sie ist, wie die scientia, allen Naturgeschöpfen eingeboren; so trägt der Birnbaum die Birnen nur aus seiner scientia. Diese ist ein «Einfluß», *verborgen in der Natur.* Sie ist auch im Menschen verborgen, und man braucht die «Magica» dazu, um dieses arcanum zu offenbaren. Alles andere ist, wie er sagt, «leere fantasey / und dollerey / darauß die Fantasten wachsen». Dieses donum der scientia muss man «auff Alchimistich in den höchsten grad» bringen [53]. Das heißt die scientia wird wie ein chemischer Stoff destilliert, sublimiert und subtilisiert. Wenn

wir schon hier die Verbindung der alchemistischen Wandlung mit den Gestirnseinflüssen. So heißt es (an gleicher Stelle): «Qui sedent super flumina Eufrates, converterunt corpora grossa in speciem simplicem, cum adiutorio motus corporum superiorum» usw. (*Theatrum chemicum,* Bd. V, p. 144). Vgl. zu «estrahere cogitationem» das Paracelsische «attrahere scientiam atque prudentiam» (siehe unten, Paragr. 39).

48 *Paragranum,* p. 26.

49 l. c., p. 27.

50 l. c., p. 28.

51 l. c., p. 13; ferner p. 33.

52 l. c., p. 47.

53 *Labyrinthus medicorum,* Kp. VI, p. 168 f.

die «Scientiae der Natur» nicht im Arzte sind, so, sagt er, «ledelest ⟨du⟩ hin unnd her / unnd weist nichts gewiß / als deines mauls geschwetz.» [54]

39 So ist es nicht verwunderlich, daß die Philosophie auch eine Praktik ist. Er sagt in seinem *«Fragmenta Medica»:* «In der Philosophey steht die erkantnuß / die gantz Globul / und dasselbig durch die Practick. Dann die Philosophey ist nichts / als Practica Globuli oder Sphaerae . . . Philosophia lehrndt krafft und eigenschafft der Irrdischen / unnd Wesserischen dingen . . . Darumb sag ich dir von der Philosophey / das zu gleicher weiss wie in der Erden ein Philosophus ist / also auch im Menschen. Dann ein Philosophus ist der Erden / einer des Wassers» usw. [55]. Danach gibt es also im Menschen einen «Philosophus» im selben Sinne wie einen Alchemisten, welch letzterer, wie wir gehört haben, nichts anderes als der Magen ist. Dieselbe Funktion findet sich aber auch in der Erde, aus welcher die Philosophie gegebenenfalls «ausgezogen» werden kann. Darauf spielt unser Text unter der practica globuli an, welche nämlich die alchemistische Behandlung der *massa globosa,* das heißt der *prima materia,* der eigentlichen Arkansubstanz, bedeutet. Die Philosophie ist also alchemistische Methode [56]. Das philosophische Erkennen ist für PARACELSUS tatsächlich eine Aktivität des Objektes, darum nennt er es ein «Zuwerffen». «Der Baum . . . gibt ohn das Alphabet, den namen Baum» und er sagt gewissermaßen, was er ist und enthält, genau wie die Gestirne, die auch ihre firmamentische Sententz» enthalten. So kann PARACELSUS sagen, daß der «Archasius» des Menschen [57]

[54] l. c., Kp. VI, p. 170.

[55] *Fragmenta medica,* liber quatuor columnarum medicinae, p. 132.

[56] Auch hierin erweist sich PARACELSUS als konservativer Alchemist. Die Alchemie hat schon im Altertum ihr vierfaches Procedere als τετραμερεῖν τὴν φιλοσοφὶαν bezeichnet: «die Teilung der Philosophie in vier Teile» (BERTHELOT, Collection des anciens alchimistes grecs, III, XLIV, 5, p. 219).

[57] «Archasius» wohl identisch mit «Archeus», der inneren Lebenswärme, dem sogenannten Vulcanus. Er scheint im Bauche lokalisiert zu sein, wo er die Verdauung besorgt und «Speise» erzeugt, wie der «Archeus Terrae» die Metalle. Er ist der Alchemist der Erde, der das «Mineralische Fewr in Bergen» gradiere (*De transmutationibus rerum naturalium,* lib. VII, 305). Auch diese Idee ist nicht originell. Wir begegnen ihr schon im harranitischen *Liber quartorum.* Der «Archeus» heißt dort «Alkian» oder «Alkien».

«scientiam atque prudentiam» anzieht [58]. Ja, er bekennt in großer Bescheidenheit: «Was erfindt der Mensch von ihm selbst / oder durch sich selbst? nicht ein pletzlin an ein paar hosen zu setzen.» [59] Überdies sind nicht wenige der ärztlichen Künste «vom Teuffel unnd Geistern eröffnet» worden [60].

Ich will die Zitate nicht häufen. Aus dem Gesagten dürfte klar her- 40
vorgehen, daß auch die *Philosophie* des Arztes eine geheimnisvolle Angelegenheit ist. So ist es beinahe selbstverständlich, wenn PARACELSUS ein großer Verehrer der *Magie* und der *Ars cabbalistica,* der «Gabal» ist. Wenn ein Arzt die Magie nicht kennt, «so ist er ein Irrer unnd ein Gutwöller in der Artzney / der mehr zum betrug gericht ist / dann zur warheit ... Die Magica ist ⟨ihm⟩ Praeceptor ... unnd Paedagogus» [61]. Dementsprechend hat auch PARACELSUS viele Amulette und Sigilla entworfen [62] und ist damit, nicht ohne eigene Schuld, in den üblen Ruf der Zauberei geraten. Von den zukünftigen Ärzten sagt er – und dieser Ausblick auf kommende Zeiten ist für ihn durchaus kennzeichnend –: «Sie werden Geomantici sein / sie werden Adepti sein / sie werden Archei sein / sie werden Spagyri sein, sie werden Quintum Esse haben» [63] usw. Wenn der chemische Traum der Alchemie sich erfüllt hat, so hat Paracelsus die heutige chemische Medizin ahnend vorausgeschaut.

Bevor ich zum Schlusse meiner leider allzu summarischen Ausfüh- 41
rungen komme, möchte ich aber doch noch einen höchst wichtigen Aspekt seiner Therapie hervorheben, nämlich den *psychotherapeutischen.* PARACELSUS kennt noch die uralte Methode der *Krankheitsbespre-*

«Alkian est ... spiritus nutriens et regens hominem, per quem fit conversio nutrimenti, et generatio animalis, et per ipsum consistit homo ...» (*Theatrum chemicum,* Bd. V, p. 152). «Alkien terrae, est Alkien animalis: In finibus terrae ... sunt vires ..., sicut vires animalis [sic] quas vocant medici alkien» (l. c., p. 191).

58 *De vita longa,* liber I, Kp. IX, p. 26.

59 *Paragranum,* p. 98.

60 *Von dem Podagra,* p. 145.

61 *Labyrinthus medicorum,* Kp. IX, p. 177.

62 *Archidoxis magicae,* Huser II, Zehender Theil: catalogus (vgl. auch Sudhoff XIV, p. 437 ff.).

63 *Paragranum,* p. 21.

chung, von der uns schon der *«Papyros Ebers»* so treffende Beispiele aus altägyptischer Zeit gibt [64]. PARACELSUS nennt diese Methode «Theorica». Es gibt zwar, wie er sagt, eine Theorica Essentiae Curae und eine Theorica Essentiae Causae, aber wie er bald beifügt: «Theorica curae et causae sind beyeinander und miteinander verschlossen.» Was er nun zum Kranken zu sagen hat, das geht aus des *Arztes eigener Beschaffenheit* hervor: «so muß er vollkommen seyn, sonsten mag er doch nichts erschießen.» Das *Licht der Natur* muß ihm die Instruktion geben, das heißt, er muß intuitiv vorgehen, denn nur durch Illumination wird der «Textus libri Naturae» verstanden. Der «Theoricus medicus» muß daher *aus Gott reden,* denn Gott hat den Arzt erschaffen [65] und die Arznei, und wie der Theologe seine Wahrheit aus der Heiligen geoffenbarten Schrift nimmt, so der Arzt aus dem Licht der Natur. Die Theorica ist ihm «Religio medica». Er gibt nun ein Beispiel, wie man Theorica üben, das heißt wie man zum Patienten sprechen müsse: «Oder einer ist Hydropicus, sagt / die Leber sey ihm erkaltet / etc. Unnd also seindt sie geneigt zur Wassersucht: Solche Rationes sind viel zu wenig. So du aber sagest / es ist ein Meteorisch Semen, der wirdt zu einem Regen / der Regen stillirt von oben herab / auß den Mediis Interstitiis in die und'n theil / unnd wird also auß dem Sahmen / ein Wasser / ein Teycht / ein See: So hetst du es troffen. Dann wie jhr sehen ein lautern schönen Himmel / in dem kein gewülck ist: Gleich in einem augenblick / so erhebt sich ein kleines Wölcklin / das wechst auff unnd nimpt zu / das in einer stundt ein grosser Regen / Hagel / Schawer / etc. darauß wird. Also müssen wir Theoricirn / von dem grund der Medicin / in der kranckheit / wie gemelt ist.» [66] Man sieht, wie suggestiv diese Anrede auf den Kranken wirken muß. Der meteorologische Vergleich überredet zu einem Niederschlag: gleich werden sich die Schleusen des Körpers öffnen, und der ascites wird abströmen. Dergleichen psychische Stimulierung auch bei körperlichen Krankheiten ist keineswegs zu unterschätzen, und ich bin überzeugt, daß mehr als eine Wun-

[64] 16. Jh. vor. Chr. Vgl. EBERS, *Papyros Ebers. Das hermetische Buch über die Arzneimittel der alten Ägypter.*

[65] Gott habe den Arzt von allen Fakultäten am liebsten. Dieser dürfe daher «kein Larvenmann», sondern er müsse wahrhaftig sein (*Paragranum,* p. 95).

[66] *Labyrinthus medicorum,* Kp. VIII, p. 175 f.

derkur unseres Meisters auf seine vortreffliche Theorica zurückzuführen ist.

Über die ärztliche Einstellung zum Kranken sagt er viele gute Dinge. 42
Aus der Fülle seiner Äußerungen möchte ich zum Schluß einige wenige, aber um so schönere Worte aus dem *«Liber de caducis»* [67] zitieren. Es «ist am ersten vor allen Dingen / grosse notturfft zu erzehlen die Barmhertzigkeit / so einem Artzt soll angeboren sein.» «Wo kein Lieb ist / do ist kein Kunst.» Arzt und Arznei «sein beyde nichts / als ein gegebne Barmhertzigkeit den dürfftigen / auss Gott». Aus dem «werck der Lieb» wird die Kunst erlangt. «So muß der Artzt mit solcher Barmhertzigkeit unnd Liebe nicht weniger / dann wie sich Gott gegen dem Menschen vermeint / auch gefast sein.» Barmherzigkeit ist ein «Schulmeister der Artzten». «Ich under dem Herren / der Herr unter Mir / Ich under Ihm / ausserhalb meines Ampts / und Er unter Mir / ausserhalb seins Ampts. Also ist je einer under des andern Ampt / und in solcher Lieb / je einer dem andern underworffen.» Der Arzt ist «das Mittel ⟨dadurch⟩ die Natur in dz werck gebracht wirdt . . . die Artzney ungebettē wechst / und dringt auß der Erden / so wir schon nichts bettendt». Was der Arzt tut, ist nicht sein Werk. «Diser kunst ubung ligt im Hertzen: ist dein Hertz falsch / so ist auch der Artzt bey dir falsch.» «Nit das er mit dem verzweiffelten Sathan sag / Es ist unmüglich.» Man soll darum Gott vertrauen. Denn eher werden «mit dir die Kreutter unnd Wurtzelen reden / darinnen dann wer die krafft / der du notturfft hettest.» «Der Artzt hatt von dem Maal gessen / zu welchem Maal die geladnen Gest nit kamen.»

Damit wäre ich am Schluß meiner Ausführungen angelangt. Ich bin 43
es zufrieden, wenn es mir gelungen ist, wenigstens einige Eindrücke von der ebenso sonderbaren wie genialischen Persönlichkeit, sowie von der geistigen Atmosphäre des berühmten Arztes, den die Zeitgenossen nicht zu Unrecht als den «Lutherus medicorum» bezeichneten, vermittelt zu haben. PARACELSUS ist eine jener großen Gestalten der Renaissance, welche uns in ihrer Abgründigkeit auch heute, nach vierhundert Jahren, noch problematisch sind.

[67] Paragraphus primus, pp. 245, 246, 247, 248 und 249.

III

SIGMUND FREUD ALS KULTURHISTORISCHE ERSCHEINUNG[1]

Einen noch Lebenden schon historisch betrachten zu wollen, ist immer 44
ein heikle und gefährliche Aufgabe. Liegt aber jemandes Lebenswerk und Gedankensystem, wie das Freuds, geschlossen vor uns, so ist es wohl eher möglich, seine historische Bedingtheit und Bedeutung zu erfassen. Seine Lehre, die in ihren Grundzügen wohl jedem gebildeten Laien heutzutage vertraut sein dürfte, hat keine unabsehbaren Verzweigungen, sie schließt auch keine fremden Bestandteile, deren Ursprünge in anderen Wissensgebieten lägen, ein, und schließlich beruht sie auf einigen wenigen, durchsichtigen Prinzipien, welche exklusiv Freuds gesamte Gedankenmaterie beherrschen und durchdringen. Überdies hat der Schöpfer dieser Lehre sie auch mit seiner Methode der «Psychoanalyse» identifiziert und dadurch ein starres System geschaffen, dem man mit Recht Absolutismus vorwirft. Auf der anderen Seite aber hat diese in der Wissenschaftsgeschichte außergewöhnliche Ausprägung einer Theorie den wesentlichen Vorteil, daß sie als fremde und einzigartige Erscheinung sich scharf von ihrem philosophischen und wissenschaftlichen Hintergrund abhebt. Nirgends verschwimmt sie mit anderen zeitgenössischen Auffassungen und bezieht sich bewußt nirgends auf geistesgeschichtliche Vorfahren. Dieser Eindruck der Unbezogenheit wird noch erhöht durch eine eigenartige Terminologie, welche bisweilen an subjektiven Jargon streift. Es hat allen Anschein, als ob diese Lehre, wie es Freud auch haben möchte, ausschließlich im ärztlichen Konsultationszimmer entstanden wäre, außer ihm selber jedermann unwillkommen und ein Pfahl im Fleische der

[1] [Erstmals erschienen in: *Charakter. Eine Vierteljahresschrift für psychodiagnostische Studien und verwandte Gebiete* I/1 (Berlin, September 1932). Jung war Mitarbeiter dieser Zeitschrift, zusammen mit Alfred Adler, Gordon W. Allport, Manfred Bleuler, Lucien Lévy-Bruhl und anderen. Später in: C. G. Jung, *Wirklichkeit der Seele* (vgl. Bibliographie).]

«akademischen» Wissenschaft. Und doch fällt auch die originellste und unbezogenste Idee nicht vom Himmel, sondern erwächst aus einem objektiven Wurzelgeflecht, in dem alle Zeitgenossen – ob sie es nun bewußt anerkennen oder nicht – miteinander aufs engste verbunden sind.

45 Freud steht auf historischen Vorbedingungen, welche eine Erscheinung wie ihn geradezu notwendig machten, und zwar ist es sein Hauptgedanke, nämlich die Lehre von der *Verdrängung der Sexualität,* welche am deutlichsten kulturhistorisch bedingt ist. Freud steht, wie sein größerer geistiger Zeitgenosse Nietzsche, am Ende des viktorianischen Zeitalters, welches auf dem Kontinent noch keinen ebenso schlagenden Namen erhalten hat, obschon es in germanischen und protestantischen Ländern ebenso charakteristisch war wie in den angelsächsischen. Das viktorianische ist ein Zeitalter der Verdrängung, ein krampfhafter Versuch, anämische Ideale im Rahmen bürgerlicher Wohlanständigkeit durch Moralismus künstlich am Leben zu erhalten. Diese «Ideale» waren die letzten Ausläufer der religiösen Allgemeinvorstellungen des Mittelalters und waren kurz vorher durch die französische Aufklärung und durch die nachfolgende Revolution in ihrer Existenz schwer erschüttert worden. Hand in Hand damit waren auch auf politischem Gebiet alte Wahrheiten hohl geworden und drohten zusammenzubrechen. Es war dazu wohl etwas zu früh, und infolgedessen strengte sich das ganze Jahrhundert krampfhaft an, das schwindende christliche Mittelalter noch irgendwie am Leben zu erhalten. Politische Revolutionen wurden niedergeschlagen, moralische Befreiungsversuche wurden durch die bürgerliche öffentliche Meinung unmöglich gemacht, und die kritische Philosophie des ausgehenden 18. Jahrhunderts mündete zunächst in erneute systematische Versuche, die Welt nach mittelalterlichem Vorbild in ein Gedankennetz einzufangen. Aber im Laufe des 19. Jahrhunderts brach die Aufklärung doch allmählich durch, und zwar besonders in der Form des wissenschaftlichen Materialismus und Rationalismus.

46 Dies ist der Mutterboden, aus dem Freud erwuchs und dessen geistige Merkmale ihn schicksalsmäßig bedingten. Er hat die Leidenschaft des Aufklärers, – eines seiner Lieblingszitate ist Voltaires «Ecrasez l'infâme» – mit Genugtuung weist er darauf hin, was «eigentlich dahinter stecke», und alle komplexen seelischen Erscheinungen, wie Kunst,

Philosophie und Religion, erscheinen ihm verdächtig, «nichts als» Verdrängungen des Sexualinstinktes, zu sein. Diese wesentlich reduktive und negative Einstellung zu anerkannten Kulturwerten beruht bei ihm auf historischer Bedingtheit. Er sieht, wie sein Zeitalter ihn zu sehen zwingt. Am deutlichsten tritt dies zutage in seiner Schrift *«Die Zukunft einer Illusion»*, wo er von der Religion ein Bild entwirft, welches aufs Haar genau dem Vorurteil des materialistischen Zeitalters entspricht.

Seine aufklärerische Leidenschaft zur Negativerklärung beruht auf 47
dem historischen Umstand, daß das viktorianische Zeitalter Kulturwerte dazu benützte, ein bürgerliches Weltbild zurechtzufälschen; unter diesen Mitteln spielte die Religion – eben eine Verdrängungsreligion – die Hauptrolle. Dieses Afterbild von Religion ist es, das FREUD vorschwebt. Gleiches gilt vom Bild des Menschen: Seine bewußten Qualitäten – viktorianisch: seine idealistisch zurechtgefälschte Persona – beruhen auf entsprechend dunkeln Hintergründen, nämlich auf verdrängter infantiler Sexualität; ja, jede positive Gabe oder Schöpfung beruht auf einem infantilen Minus, entsprechend dem materialistischen Bonmot: «Der Mensch ist, was er ißt».

Diese Auffassung des Menschen ist – historisch betrachtet – eine 48
herostratische Reaktion gegen die Tendenz des viktorianischen Zeitalters, alles in «Rosa» zu sehen und «sub rosa» zu bezeichnen, denn es war die Zeit der geistigen «Leisetreterei», die schließlich einen NIETZSCHE gebar, der sich eines Hammers zum Philosophieren bediente. Logischerweise verschwinden schicksalsbedingte ethische Motive in der FREUDschen Lehre. Sie sind ersetzt worden durch eine konventionelle Moral, von der mit Recht vorausgesetzt wird, daß sie so oder überhaupt nicht bestünde, wenn nicht ein oder mehrere übelgelaunte Vorväter solche Vorschriften zur zweckmäßigen Unschädlichmachung ihrer Impotenz erfunden hätten. Seither bestünden (leider) solche Auffassungen und kontinuierten sich im «Über-Ich» jedes einzelnen. Diese grotesk entwertende Auffassung ist eine gerechte Strafe für die historische Tatsache, daß das Ethos des viktorianischen Zeitalters auch nichts anderes war als konventionelle Moral, die Ausgeburt griesgrämiger praeceptorum mundi.

Wenn man FREUD dergestalt von rückwärts betrachtet, nämlich als 49
einen Exponenten des Ressentiments des beginnenden neuen Jahrhun-

derts gegenüber dem 19. mit seinen Illusionen, seiner Heuchelei, seinen halben Unwissenheiten, seinen falschen, überspannten Gefühlen, seiner seichten Moral, seiner künstlichen, saftlosen Religiosität und seinem lamentablen Geschmack, so sieht man ihn, meines Erachtens, sehr viel richtiger, als wenn man ihn zu einem Künder neuer Wege und Wahrheiten stempelte. Er ist ein großer Zerstörer, der die Fesseln der Vergangenheit zersprengt. Er befreit vom ungesunden Drucke einer faul gewordenen alten Gewohnheitswelt. Er zeigt, wie man die Werte, an die unsere Eltern noch glaubten, auch noch ganz anders verstehen kann; zum Beispiel jenen sentimentalen Schwindel der Eltern, die «nur noch für ihre Kinder leben», oder das Thema des edlen Sohnes, der «seine Mutter zeitlebens auf den Händen trägt», oder das Ideal der Tochter, die ihren Vater «ganz versteht». Früher wurden diese Dinge unbesehen geglaubt. Seit Freud aber die unschmackhafte Idee der «inzestuösen Fixation» als Verhandlungsgegenstand auf den Tisch des Hauses gelegt hat, regen sich nützliche Zweifel, die gesunderweise bisweilen nicht zu weit getrieben werden dürfen.

50 Die «Sexualtheorie» dürfte, als Kritik zeitgenössischer Psychologie gesehen, richtig verstanden sein. Auch mit ihren störendsten Ansichten und Behauptungen kann man sich aussöhnen, wenn man weiß, gegen welche historische Vorbedingungen sie sich richten. Wenn man weiß, wie das 19. Jahrhundert, um sein Weltbild nicht zu stören, ganz natürliche Tatsachen in sentimental-moralische Tugenden umgelogen hat, dann versteht man auch etwas vom Sinn der Freudschen Behauptung, daß der Säugling schon an der Mutterbrust seine Sexualität erlebe – eine Behauptung, welche von allen wohl am meisten Staub aufgewirbelt hat. Diese Deutung verdächtigt nämlich schon die sprichwörtliche Unschuld des Kindes an der Mutterbrust, das heißt die *Mutter-Kind-Beziehung*. Das ist das Wesentliche an dieser Behauptung, nämlich ein Schuß, gezielt auf das Herz der «heiligen Mutterschaft». Daß Mütter Kinder austragen, ist nicht heilig, sondern natürlich. Sagt man, es sei heilig, so besteht der dringende Verdacht, daß damit etwas sehr Unheiliges zugedeckt werden soll – Freud hat es laut gesagt, was «dahinter steckt», nur hat er unglücklicherweise den Säugling angeschwärzt statt die Mutter.

51 Wissenschaftlich hat die Theorie der Säuglingssexualität wenig Wert, denn es ist auch der Raupe gleichgültig, ob man von ihr sagt, sie

fresse ihr Blatt mit gewöhnlichem Vergnügen oder mit Sexualvergnügen. Freuds welthistorisches Verdienst besteht nicht in diesen scholastischen Fehlgriffen der Deutung auf dem spezialwissenschaftlichen Gebiet, sondern in der seinen Ruhm begründenden und rechtfertigenden Tatsache, daß er, wie ein alttestamentlicher Prophet, falsche Götzen stürzt und mitleidslos die Fäulnis der zeitgenössischen Seele am Tageslicht ausbreitet. Überall, wo er eine schmerzhafte Reduktion vornimmt (zum Beispiel den lieben Gott des 19. Jahrhunderts als Verklärung des Herrn Papa, Anhäufen des Geldes als infantile Exkrementlust usw.) können wir sicher sein, daß eine kollektive Überschätzung oder Verfälschung vorliegt. Wo zum Beispiel tritt dem süßlichen Gott des 19. Jahrhunderts ein deus absconditus, wie bei Luther, gegenüber? Ist nicht von allen netten Leuten angenommen, daß gute Menschen auch viel Geld verdienen?

Wie Nietzsche, wie der Weltkrieg, so ist auch Freud, wie sein 52
literarisches Gegenstück Joyce, eine Antwort auf die Krankheit des 19. Jahrhunderts. Das ist wohl sein Hauptsinn. Nach vorwärts bedeutet er kein Programm, denn es dürfte auch dem kühnsten Streben und dem stärksten Wollen auf immer unmöglich sein, alle verdrängten Inzestwünsche und alle sonstigen Inkompatibilitäten unverdrängt in menschliches Erleben überzuführen. Im Gegenteil: schon haben sich protestantische Pfarrer auf die Psychoanalyse gestürzt, weil sie ihnen ein treffliches Mittel scheint, um das Gewissen der Menschen auch noch für ganz andere als bloß bewußte Sünden zu schärfen; eine wahrhaft groteske aber äußerst logische Wendung, die Stanley Hall prophetisch vorausgesehen hat [2]. Sogar die ärztlichen Freudianer fangen an, das Bekenntnis zu einer neuen, womöglich noch seelenloseren Verdrängung abzulegen; begreiflicherweise – denn niemand weiß, was mit den inkompatiblen Wünschen anzufangen wäre. Im Gegenteil, man sieht ein, wie verständlich es, im Grunde genommen, ist, daß solche Dinge verdrängt werden.

Freud hat – zur Linderung dieser Gewissensnot – den Begriff der 53
Sublimierung erfunden. Die Idee der Sublimierung bedeutet nichts Geringeres als das Goldmacherkunststück, Unedles in Edles zu verwandeln, Unnützlichkeit in Nützliches, und Unbrauchbares in Verwend-

[2] Vgl. seine Autobiographie.

bares überzuführen. Wer das fertigzubringen wüßte, wäre unsterblichen Ruhmes gewiß. Leider ist die Rückverwandlung der Energie ohne Aufzehrung eines noch größeren hiefür verwendeten Energiequantums von den Physikern noch immer nicht entdeckt worden. «Sublimierung» ist bis auf weiteres ein frommes Wunschgebilde, erfunden zur Beschwichtigung inopportuner Frager.

54 Ich möchte bei der Diskussion dieser Probleme das Hauptgewicht nicht auf die professionelle Schwierigkeit des praktischen Psychotherapeuten legen, sondern vielmehr auf die Tatsache, daß es dabei auch offenkundig wird, daß Freud kein Programm bedeutet. Er ist nicht nach vorwärts zu verstehen. Alles in ihm ist rückwärts orientiert, und auch dies mit einseitiger Auswahl. Nur woher die Dinge kommen, interessiert ihn, nicht, wohin sie gehen. Es ist mehr als ein wissenschaftliches Kausalbedürfnis, das ihn zum Ursachen-Suchen zwingt, denn sonst könnte es ihm nicht entgehen, daß gewisse psychologische Tatsachen in Wirklichkeit andere Begründungen haben als die Mißlichkeiten der chronique scandaleuse.

55 Ein treffliches Beispiel hiefür ist seine Schrift über Leonardo da Vinci und dessen Zweimütterproblem [3]. Tatsächlich hatte Leonardo eine uneheliche Mutter und eine Stiefmutter, aber in Wirklichkeit besteht das Zweimütterproblem als mythologisches Motiv, auch wenn keine zwei Mütter real existieren. Helden haben sehr oft zwei Mütter, und für die Pharaonen war diese mythologische Sitte sogar de rigueur. Freud aber macht beim Minus-Faktum halt; er begnügt sich damit, daß dahinter *natürlich* etwas Unangenehmes oder Negatives steckt. Obschon dieses Verfahren nicht gerade «wissenschaftlich» ist, so messe ich ihm vom Standpunkt historischer Gerechtigkeit doch höheres Verdienst bei, als wenn es wissenschaftlich unanfechtbar wäre. Allzuleicht würden nämlich die *auch* vorhandenen dunkeln Hintergründe durch *wissenschaftliche* Genauigkeit verwischt, und dann wäre die welthistorische Aufgabe Freuds, eben gerade das Dunkle hinter gefälschten Fassaden aufzuzeigen, nicht erfüllt. Dabei will eine kleine wissenschaftliche Ungenauigkeit wenig bedeuten. Man hat recht eigentlich den Eindruck, wenn man seine Arbeiten aufmerksam durchgeht, daß seine wissenschaftliche Fähigkeit und ihr entsprechender Endzweck, den

3 [*Eine Kindheitserinnerung des Leonardo da Vinci.*]

Freud immer wieder in den Vordergrund schiebt, heimlicherweise von seiner ihm unbewußten Kulturaufgabe benützt worden sei, und zwar auf Kosten einer wirklichen Theoriebildung. Heutzutage muß ja die Stimme des Rufenden in der Wüste wissenschaftliche Töne anschlagen, wenn sie das Ohr der Mitwelt erreichen will. Man muß ja darauf hinweisen können, daß die *Wissenschaft* es sei, die solche Ergebnisse zutage gefördert hätte. Das allein überzeugt annähernd. Aber auch die Wissenschaft ist gegen die unbewußte Weltanschauung nicht gefeit. Wie leicht hätte man Leonardos «Anna selbdritt» als klassische Darstellung des mythologischen Zweimüttermotives hinstellen können! Es ist aber für Freuds spätviktorianische Psychologie und damit für ein unendlich großes Publikum sehr viel mehr gewonnen, wenn es sich «nach gründlicher Nachforschung» herausstellt, daß Leonardos respektabler Vater durch einen kleinen Irrtum des großen Künstlers Existenz verursacht hat. Dieser Hieb sitzt. Das mythologische Zweimüttermotiv ist zwar *wirklich* wissenschaftlich und regt darum auch nur einige wenige, denen es um unzeitgemäße Erkenntnis zu tun ist, auf. Es läßt aber das größere Publikum kalt, denn für dieses bedeutet der einseitig aufs Negative gerichtete Freud eine große Menge mehr als für die Wissenschaft.

Wissenschaft erstrebt, wie vorausgesetzt, ein unparteiisches, tendenz- 56
loses und umfassendes Urteil. Die Freudsche Theorie dagegen ist eine Teilwahrheit im besten Falle, deshalb hat sie auch die Starrheit eines Dogmas und den Fanatismus des Ketzerrichters zum Bestande und zur Wirkung nötig. Der wissenschaftlichen Wahrheit genügt einfache Konstatierung. Die psychoanalytische Theorie hat aber geheimerweise gar nicht die Absicht, als wissenschaftliche Wahrheit zu gelten, sondern sie strebt nach Wirkung auf ein breites Publikum. Und daran erkennt man ihren Ursprung im ärztlichen Konsultationszimmer. Sie verkündet das, was der Neurotiker der Jahrhundertwende zunächst einmal gründlich einsehen muß, denn er ist eines der unbewußten Opfer der spätviktorianischen Psychologie. Die Psychoanalyse zerstört die falschen Werte in ihm persönlich, indem sie die ganze Fäulnis des toten 19. Jahrhunderts wegätzt. Insofern bedeutet die Methode einen wertvollen, ja unerläßlichen Zuwachs an praktischer Erkenntnis, welche die Erforschung der Neurosenpsychologie aufs nachhaltigste gefördert hat. Man verdankt es der kühnen Einseitigkeit Freuds, daß die Medizin jetzt in der Lage

ist, die Neurosenfälle individuell zu behandeln, und daß die Wissenschaft mit einer Methode bereichert ist, welche es ihr erlaubt, die individuelle Seele als Forschungsobjekt zu bearbeiten. Vor FREUD gab es solches nur als Kuriosum.

57 Insofern nun aber die Neurose keine spezifische Krankheit des nachviktorianischen Zeitalters ist, sondern sich einer allgemeinen Verbreitung in Zeit und Raum erfreut und daher auch bei Völkern oder Individuen vorkommt, welche einer besonderen Sexualaufklärung oder einer Zerstörung schädlicher Voraussetzungen in dieser Hinsicht nicht bedürfen, so ist eine Neurosen- oder Traumtheorie, die auf einem viktorianischen Vorurteil beruht, für die Wissenschaft von zum mindesten untergeordneter Bedeutung. Wäre dem nicht so, so wäre ADLERS so andersartige Auffassung gänzlich wirkungslos verhallt. ADLER reduziert zwar auch, aber nicht auf Lustprinzip, sondern auf Machttendenz, und zwar mit unleugbarem Erfolg. Diese Tatsache beleuchtet grell die Einseitigkeit der FREUDschen Theorie. Die ADLERS ist zwar auch eine Einseitigkeit; aber zusammen mit der FREUDschen ergibt sich doch schon ein umfänglicheres und deutlicheres Bild des Ressentiments gegen den Geist des 19. Jahrhunderts. All der moderne Abfall von den Idealen der Väter spiegelt sich auch bei ADLER wider.

58 Die menschliche Seele ist aber nicht nur ein Produkt des jeweiligen Zeitgeistes, sondern ein Ding von weit größerer Beständigkeit und Unveränderlichkeit. Das «19. Jahrhundert» ist ein bloß lokales und vorübergehendes Phänomen, das nur eine relativ dünne Staubschicht auf der alten Seele der Menschheit abgelagert hat. Wenn diese Schicht aber abgewischt ist, wenn unsere professoralen Brillengläser einmal gereinigt sind, was werden wir dann erblicken? Wie werden wir dann die Seele sehen, und wie werden wir dann eine Neurose erklären? Dieses Problem stellt sich jedem Praktiker, dessen Fälle nicht geheilt sind, auch wenn alle sexuellen Kindheitserlebnisse ausgegraben und alle Kulturwerte in trübe Elemente zersetzt sind, oder wenn der Patient zum fiktiven Normalmenschen und Gemeinschaftswesen geworden ist.

59 Eine allgemeine psychologische Theorie, die Anspruch auf Wissenschaftlichkeit erhebt, darf sich nicht auf die Mißbildungen des 19. Jahrhunderts gründen, und eine Neurosentheorie muß auch die Hysterie bei den Maori erklären. Sobald die Sexualtheorie das enge Gebiet der Neurosenpsychologie verläßt und auf andere Gebiete, wie zum Beispiel

primitive Psychologie, übergreift, springt ihre Einseitigkeit und Unzulänglichkeit in die Augen. Einsichten, die aus der Empirie von Wiener Neurosen zwischen 1890 und 1920 gewachsen sind, lassen sich schlecht auf die Probleme von «Totem und Tabu» anwenden, auch wenn dies in sehr geschickter Weise gemacht wird. FREUD ist in jene tiefere Schicht des allgemein Menschlichen nicht vorgedrungen. Er durfte und konnte es nicht, ohne seiner kulturhistorischen Aufgabe untreu zu werden. Und diese Aufgabe hat er erfüllt – Aufgabe genug für ein ganzes, ruhmreiches Lebenswerk.

IV

SIGMUND FREUD[1]

Der Name Freud kann aus der Geistesgeschichte des ausgehenden 19. 60
und des beginnenden 20. Jahrhunderts nicht mehr weggedacht werden. Die Freudsche Betrachtungsweise hat ungefähr alle Kreise des zeitgenössischen Geisteslebens, mit Ausnahme der exakten Naturwissenschaften, berührt; sie hat nämlich alles angetastet, worin die menschliche Seele entscheidend hervortritt, also in erster Linie das weitläufige Gebiet der Psychopathologie, sodann die Psychologie, die Philosophie, die Ästhetik, die Ethnologie und – last not least – die Religionspsychologie. Alles nämlich, was in gültiger oder scheinbar gültiger Weise über das Wesen der Seele ausgemacht wird, zieht automatisch und unfehlbar den ganzen Umfang der Geisteswissenschaften in seinen Bereich; denn was immer über das Wesen seelischen Geschehens gedacht wird, rührt an die psychischen Grundlagen aller Geisteswissenschaften, auch wenn die eigentlichen Entscheidungen innerhalb der medizinischen Disziplin, die sich bekanntlich *nicht* zu den Geisteswissenschaften zählt, gefallen sind.

Freud war ein «Nervenarzt» (in dieses Wortes striktester Bedeu- 61
tung) und ist es in jeglicher Hinsicht auch immer geblieben. Er war kein Psychiater, kein Psycholog und kein Philosoph. Im Gebiete der Philosophie fehlten ihm sogar die elementarsten Bildungselemente. So hat er mir persönlich einmal versichert, es sei ihm nie eingefallen, Nietzsche zu lesen. Diese Tatsache ist wichtig zum Verständnis der eigenartigen Freudschen Ansichten, welche sich durch eine anscheinend völlige philosophische Voraussetzungslosigkeit auszeichnen. Seine Theoriebildung trägt den unmißverständlichen Stempel des ärztlichen Konsultationszimmers. Seine stetige Voraussetzung ist die *neurotisch* entartete Seele, die sich halb mit Widerwillen, halb mit schlecht ver-

[1] [Erstmals veröffentlicht als Nachruf in: *Sonntagsblatt der Basler Nachrichten* XXXIII/40 (Basel, 1. Oktober 1939). Freud war am 23. September gestorben.]

hehltem Vergnügen unter den kritischen Augen des Arztes ihrer Geheimnisse entblättert. Insofern der neurotische Patient neben seinem individuellen Kranksein auch ein Exponent der lokalen und zeitgenössischen Geistesverfassung ist und es immer war, besteht zwischen der ärztlichen Beobachtung seines besonderen Falles und gewissen allgemeinen geistigen Voraussetzungen von vornherein eine Brücke, deren Existenz es Freud ermöglichte, seine Intuition aus der Enge der Sprechstunde auf die Weite einer Welt moralischer, philosophischer und religiöser Voraussetzungen zu richten, welch letztere sich, fatalerweise, dieser kritischen Untersuchung als zugänglich erwiesen.

61 Freud hat seine ersten Anregungen Charcot, dem großen Lehrer der Salpêtrière, zu verdanken. Das eine Fundament, das er sich dort erwarb, war die Lehre vom Hypnotismus und der Suggestion (1888 übersetzte er Bernheims Buch über die Suggestion), das andere war Charcots Erkenntnis, daß die hysterischen Symptome Folgen gewisser Vorstellungen sind, welche vom «Gehirn» der Kranken Besitz ergriffen hatten. Charcots Schüler Pierre Janet hat diese Erkenntnis weiter ausgebaut und in seinen umfangreichen Werken *«Les Obsessions et la psychasthénie»* und *«Névroses et idées fixes»* mit den nötigen Grundlagen versehen. Freuds älterer Kollege Joseph Breuer in Wien hat zu dieser überaus wichtigen Feststellung (welche übrigens schon mancher alte Hausarzt längst vorher gemacht hatte), einen belegenden Fall beigesteuert, um darauf eine Theorie zu gründen, von der Freud sagt, daß sie sich mit der Auffassung des Mittelalters decke, nachdem sie den «Dämon» der priesterlichen Phantasie durch eine psychologische Formel ersetzt habe. Die mittelalterliche *Besessenheitstheorie* (bei Janet zur «obsession» abgemildert) fand also bei Breuer und Freud eine positivere Aufnahme, wenn schon der böse Geist – in Umkehrung des Faustschen Mirakels – sich als der Pudel einer harmlosen «psychologischen Formel» entpuppte. Es ist nun das große Verdienst der beiden Forscher gewesen, nicht, wie der französische Rationalismus Janets, über die bedeutsame Analogie der Besessenheit achtlos hinwegzugleiten, sondern vielmehr, der mittelalterlichen Theorie folgend, den die Besessenheit verursachenden Faktor aufzustöbern, um gewissermaßen den bösen Geist auszutreiben. Breuer hat als erster herausgefunden, daß die krankheitsverursachenden «Vorstellungen» Erinnerungen sind an gewisse Vorkommnisse, welche er als *traumatisch* (verwundend) bezeichnete. Dieses Ergebnis

war der erste wesentliche Schritt über die Feststellungen der Salpêtrière hinaus, und damit war das Fundament der ganzen FREUDschen Theoriebildung gelegt. Schon gleich zu Anfang (1893) haben beide Forscher die weitreichende *praktische* Bedeutung ihres Fundes erkannt. Sie sahen nämlich, daß die symptomerregende Wirkung der «Vorstellungen» auf einem *Affekt* beruhte. Dieser Affekt hatte die Eigentümlichkeit, daß er nie wirklich zum Ausbruch gekommen und darum auch nicht wirklich bewußt war. Die therapeutische Aufgabe bestand also darin, diesen «eingeklemmten» Affekt «abzureagieren.»

Diese vorläufige Formulierung war zwar einfach, aber zu einfach, 63
um dem Wesen der Neurosen im allgemeinen gerecht zu werden. An diesem Punkte setzte nun FREUDS selbständige Forschung ein. Zunächst war es die Frage des Traumas, die ihn beschäftigte. Er fand bald (oder glaubte zu finden), daß die traumatischen Momente um ihrer Peinlichkeit willen unbewußt waren. Sie waren aber peinlich, weil sie (nach seiner damaligen Auffassung) samt und sonders der geschlechtlichen Sphäre entstammten. Die Theorie des sexuellen Traumas war seine erste selbständige Hysterietheorie. Jeder Spezialist, der mit Neurosen zu tun hat, weiß, wie suggestibel einerseits die Patienten sind und wie unzuverlässig in ihrer Berichterstattung andererseits: diese Theorie bewegte sich also auf schlüpfrigem und gefährlichem Boden. FREUD sah sich daher auch bald zu der mehr oder weniger stillschweigenden Korrektur genötigt, daß das traumatische Moment auch oder eher einer abnormen infantilen Phantasieentwicklung zufalle. Als treibende Kraft der Phantasiewucherung nahm er eine kindliche Sexualität an, von der bis dahin niemand die Rede haben wollte. Die medizinische Literatur kannte natürlich schon längst Fälle abnormer Frühentwicklung, ohne aber eine solche auch in Fällen relativ normaler Kinder anzunehmen. Die FREUDsche Auffassung begeht diesen Fehler zwar auch nicht und denkt nicht an eine konkrete Frühentwicklung. Es handelt sich mehr um eine Art von Umbenennung und Deutung mehr oder weniger normaler kindlicher Vorkommnisse im Sinne der Sexualität. Gegen diese Auffassung erhob sich ein Sturm des Unwillens und der Entrüstung zunächst in den Fachkreisen und dann auch im weiteren gebildeten Publikum. Abgesehen von dem Umstand, daß jede grundsätzlich neue Idee unfehlbar auf den heftigsten Widerstand der Zunft stößt, bedeutete die FREUDsche Auffassung des kindlichen Instinktlebens einen Übergriff auf das Gebiet

der allgemeinen und normalen Psychologie, indem sie Beobachtungen aus der Neurosenpsychologie auf ein Gebiet übertrug, welches bisher nie einer solchen Beleuchtung ausgesetzt war.

64 Bei der sorgfältigen und eingehenden Erforschung der eigentümlichen neurotischen und speziell hysterischen Geistesverfassung konnte es FREUD nicht entgehen, daß solche Patienten öfters ein besonders reges Traumleben entwickeln und darum neben andern Dingen auch gerne von ihren Träumen erzählen. Solche Träume entsprechen in Struktur und Ausdrucksweise häufig der Symptomatologie der Neurose. Angstzustände und Angstträume gehören sozusagen zusammen. Sie entspringen offensichtlich einer und derselben Wurzel. FREUD konnte daher nicht umhin, auch das Phänomen des *Traumes* in den Bereich seiner Auffassungen zu ziehen. Er hatte schon früher erkannt, daß die «Einklemmung» des traumatischen Affektes eine *Verdrängung* von sogenanntem «inkompatibelm» Material zum Grund hatte. Die Symptome waren Ersatzprodukte für Regungen, Wünsche und Phantasien, die um ihrer moralischen und ästhetischen Peinlichkeit willen einer «Zensur» durch gewisse ethische Konventionen unterlagen, das heißt sie wurden durch eine gewisse moralische Haltung aus dem Bewußtsein verdrängt und durch eine spezifische Hemmung an der Wiedererinnerung verhindert. Die *Verdrängungstheorie,* wie FREUD diese Anschauung passend benannte, wurde wohl zum Kernstück seiner Psychologie. Da sich mit dieser Auffassung sehr vieles erklären ließ, so ist es nicht verwunderlich, wenn sie nun auch ihre Anwendung auf die Träume fand. FREUDS *«Traumdeutung»* (1900) ist ein epochemachendes Werk und wohl der kühnste Versuch, der je gemacht wurde, auf dem scheinbar festen Boden der Empirie die Rätsel der unbewußten Psyche zu meistern. Der Autor versuchte den Nachweis, daß Träume verhüllte Wunscherfüllungen seien, an einem konkreten Material zu erbringen. Diese Ausdehnung des aus der Neurosenpsychologie stammenden «Verdrängungsmechanismus» auf das Gebiet des Traumes war der zweite und folgenschwere Übergriff in die Sphäre der normalen Psychologie und rührte allbereits an Probleme, welche ein anderes und gewichtigeres Rüstzeug erfordert hätten als die beschränkten Erfahrungen der ärztlichen Sprechstunde.

65 *«Die Traumdeutung»* ist wohl FREUDS bedeutendstes Werk und zugleich das anfechtbarste. Für uns damals junge Psychiater war es aber

eine Quelle der Erleuchtung, während es für unsere älteren Kollegen ein Gegenstand des Spottes war. Wie mit der Erkenntnis des Besessenheitscharakters der Neurosen hat FREUD mit der Bewertung des Traumes als wichtigste Informationsquelle über die Vorgänge im Unbewußten – «der Traum ist die via regia zum Unbewußten» – einen Wert der Vergangenheit und Vergessenheit entrissen, welcher unrettbar verloren schien. Der Traum hatte ja in der alten Heilkunde sowohl wie in der alten Religion eine hohe Bedeutung und die Dignität eines Orakels. Es war eine Tat nicht zu unterschätzenden wissenschaftlichen Mutes, einen damals so unpopulären Gegenstand, wie den Traum, überhaupt in ernsthafte Diskussion zu ziehen. Was uns junge Psychiater damals am meisten förderte, war weder die Technik noch die Theorie, die uns beide in höchstem Maße anfechtbar schienen, sondern die Tatsache, daß es jemand gewagt hatte, sich gründlich mit dem Traum überhaupt zu beschäftigen. Diese Beschäftigung eröffnete nämlich einen Zugang zum inneren Verständnis der Halluzinations- und Wahnbildung in der Schizophrenie, welche die Psychiatrie nur äußerlich beschreibend darstellen konnte. Darüber hinaus wurde sie auch zum Schlüssel für die vielen verschlossenen Türen der neurotischen sowohl wie der normalen Psychologie. Das große und uneingeschränkte Verdienst der *«Traumdeutung»* ist die Tatsache, daß der Traum überhaupt wieder zur Diskussion gestellt wurde.

Die Verdrängungslehre fand eine weitere Anwendung auf die Theo- 66
rie des *Witzes* und erzeugte die vergnüglich zu lesende Schrift über den *«Witz und seine Beziehung zum Unbewußten»* (1905), ein Seitenstück zur *«Psychopathologie des Alltagslebens»* (1901), welche ebenfalls ein lehr- und unterhaltsames Buch auch für Laien ist. Ein Vorstoß der Verdrängungslehre auf das Gebiet der primitiven Psychologie in *«Totem und Tabu»* (1912) war weniger erfolgreich, indem die Anwendung neurosenpsychologischer Begriffe auf diese primitiven Anschauungen weniger letztere erklärte, als vielmehr die Unzulänglichkeit ersterer in etwas zu deutlichem Lichte erscheinen ließ.

Eine letzte Anwendung dieser Lehre ist endlich diejenige auf das 67
religiöse Gebiet (*«Die Zukunft einer Illusion»*, 1927). Wenn in der Schrift über *«Totem und Tabu»* noch vielerlei Haltbares zu finden ist, so kann dasselbe von der letzteren Anwendung leider nicht behauptet werden. Ungenügende philosophische und religionswissenschaftliche

Vorbereitung machen sich peinlich bemerkbar, ganz abgesehen von dem Umstand, daß dem Autor jegliches Verständnis für das Wesen des Religiösen abgeht. Im höchsten Alter hat FREUD noch eine Schrift über den «Mann Moses»[2] abgefaßt, über den Führer Israels, der den Boden des versprochenen Landes nicht betreten sollte. Daß seine Wahl gerade auf Moses fiel, dürfte bei einer Persönlichkeit wie FREUD kein Zufall sein.

68 Wie ich eingangs sagte, ist FREUD stets Arzt geblieben, und bei aller Beschäftigung mit Gebieten anderer Prägung stand ihm die Vision der neurotischen Geistesverfassung vor Augen, jener geistigen Haltung, welche den Kranken eben krank macht und ihn immer wieder daran hindert, gesund zu werden. Wer dieses Bild vor Augen hat, sieht das Unzulängliche an allen Dingen, und er kann, auch wenn er sich dagegen sträubt, nichts anderes aufzeigen, als was ihn die Dämonie des obsedierenden Bildes zu sehen zwingt, nämlich das Peinliche, den nicht zugestandenen Wunsch, das versteckte Ressentiment und die durch Zensur entstellte geheime, illegitime Wunscherfüllung. Weil *unter anderem* solche Dinge in der Seele des Neurotikers ihr Wesen treiben, ist er eben krank, und sein Unbewußtes kennt scheinbar keine anderen Inhalte als diejenigen, die das Bewußtsein aus guten Gründen verworfen hat. Aus der Gedankenwelt FREUDS tönt uns darum ein erschütterndes, pessimistisches «Nichts als» entgegen. Nirgends öffnet sich ein befreiender Durchblick auf hilfreiche, heilende Kräfte, welche das Unbewußte dem Kranken zugute kommen ließe. Jede Position wird unterhöhlt durch eine psychologische Kritik, welche alles auf seine ungünstigen und zweideutigen Vorstufen zurückführt oder sie wenigstens solcher verdächtigt. Diese vorzugsweise negative Haltung hat ihre unbezweifelbare Richtigkeit gegenüber den Uneigentlichkeiten, wie sie die Neurose reichlich produziert. Hier ist eine dunkle Hintergründe vermutende Einstellung oft durchaus am Platze – jedoch nicht immer. Und es gibt keine Krankheit, die nicht zugleich ein mißglückter Heilungsversuch wäre. Anstatt den Kranken als den heimlichen Täter oder Komplizen moralisch unzulässiger Wünsche erscheinen zu lassen, könnte er ebensogut als das unwissentliche Opfer unverstandener Triebprobleme, zu deren Lösung ihm auch niemand in seiner Umgebung

[2] [*Moses ein Ägypter: Wenn Moses ein Ägypter war . . .* und *Moses, sein Volk, und die monotheistische Religion* (1939).]

geholfen hat, erklärt werden. Seine Träume vollends könnte man auch als Wahr-sagungen der Natur verstehen, jenseits aller menschlich-allzumenschlichen Selbsttäuschungsoperationen, die FREUD in das Traumphänomen hineindeutet.

Ich sage dies nicht zur Kritik seiner Hypothesen, sondern zur Beto- 69
nung und Herausstellung seiner, offenbar zeitgenössisch bedingten, Skepsis gegenüber allen oder wenigstens den meisten Idealen des 19. Jahrhunderts. Jenes Stück Vergangenheit nämlich ist der geistige Hintergrund, der sich von der Gestalt FREUDS nicht wegdenken läßt. Er hat den Finger auf mehr als ein Geschwür gelegt. Es war eben längstens nicht alles Gold, was im 19. Jahrhundert glänzte, einschließlich der Religion. FREUD war ein großer Zerstörer, aber die Zeit der Jahrhundertwende bot so viel Gelegenheit zum Einreißen, daß auch ein NIETZSCHE nicht genügt hat. FREUD hat das übrige, und dies gründlich, besorgt. Er hat ein heilsames Mißtrauen geweckt und damit indirekt den Sinn für die wahren Werte geschärft. Der Dusel vom guten Menschen, der die Köpfe benebelte, nachdem sie das Dogma der Erbsünde nicht mehr begreifen konnten, ist zum nicht geringen Teil von FREUD ernüchtert worden. Und was davon etwa noch übrig geblieben ist, das wird die Barbarei des 20. Jahrhunderts hoffentlich endgültig austreiben. FREUD war kein Prophet, aber er ist eine prophetische Figur. In ihm wie in NIETZSCHE kündigt sich die Gigantomachie unserer Tage an, wo es sich zeigen wird und muß, ob unsere höchsten Werte so wirklich sind, daß ihr Glanz nicht in der acherontischen Flut erlischt. Der Zweifel an unserer Kultur und ihren Werten ist eine Zeitneurose. Wären unsere Überzeugungen unzweifelhaft, so könnten sie auch nicht angezweifelt werden. Niemand könnte dann auch nur mit einiger Wahrscheinlichkeit darauf hinweisen, daß unsere Ideale nur uneigentliche Ausdrücke für ganz andersartige und aus guten Gründen zu verheimlichende Motive seien. Das ausgehende 19. Jahrhundert hat uns aber eine Erbschaft von so vielen zweifelhaften Positionen hinterlassen, daß Bezweifelung nicht nur möglich, sondern auch berechtigt, ja sogar nützlich ist. Anders nämlich wird sich das Gold nicht bewähren: es sei denn im Feuer. Man hat FREUD schon öfters mit dem Zahnarzt verglichen, der mit dem zerstörenden Bohrer die kariösen Herde in unangenehmster Weise ausbohrt. So weit stimmt das Gleichnis; es hinkt aber, wenn man erwartet, daß nunmehr eine Goldfüllung eingesetzt werde. Die FREUDsche Psy-

chologie offeriert keinen Ersatz für verlorengegangene Substanz. Wenn die kritische Vernunft uns schon belehrt, daß wir in gewissen Hinsichten infantil und unvernünftig sind oder daß jede religiöse Erwartung eine Illusion sei, was machen wir mit unserer Unvernunft, und was soll uns eine zerstörte Illusion ersetzen? In der Kindlichkeit liegt schöpferische Voraussetzungslosigkeit, und Illusion ist eine natürliche Lebensäußerung, welche beide sich nie und nimmer durch konventionsgebundene Vernünftigkeit und Nützlichkeit unterdrücken oder ersetzen lassen.

70 Die Freudsche Psychologie bewegt sich in den engen Grenzen der materialistischen Wissenschaftsvoraussetzung des ausgehenden 19. Jahrhunderts und hat sich über ihre philosophische Prämisse nie Rechenschaft gegeben, was offenkundig mit der ungenügenden philosophischen Besinnlichkeit des Meisters selber zusammenhängt. So war es unvermeidlich, daß sie unter den Einfluß zeit- und ortsbestimmter Vorurteile und Ressentiments geriet – ein Umstand, der schon von verschiedenen Kritikern hervorgehoben worden ist. Die psychologische Methode Freuds ist und war immer ein Ätzmittel für verderbtes und entartetes Material, wie es in erster Linie bei neurotisch Kranken gefunden wird. Es ist ein Instrument für die Hand des Arztes, das gefährlich und destruktiv oder im besten Fall untauglich wird, wenn es auf natürliche Lebensäußerungen und -notwendigkeiten stößt. Eine gewisse starre Einseitigkeit des theoretischen Standpunktes, gestützt auf eine oft fanatische Unduldsamkeit, war im Anfangsjahrzehnt vielleicht eine unvermeidliche Notwendigkeit; später, als reichliche Anerkennung den neuen Ideen zufloß, wurde sie zum Schönheitsfehler, und schließlich erregte sie, wie jede Intoleranz, den Verdacht auf innere Unsicherheit. Jeder, schließlich, trägt die Fackel der Erkenntnis nur eine Strecke weit, und keiner ist vor Irrtum gefeit. Der Zweifel allein ist der Vater der wissenschaftlichen Wahrheit. Wer das Dogma in höherem Sinne bekämpft, verfällt, tragischerweise, leicht der Tyrannei einer Teilwahrheit. Alle, die mit Anteilnahme das Schicksal dieses bedeutenden Mannes verfolgten, sahen, wie sich dieses Verhängnis Stück um Stück in seinem Leben erfüllte und in zunehmendem Maße den Horizont seiner Erkenntnis verengerte.

71 Im Laufe einer jahrelangen persönlichen Freundschaft, welche mich ihm verband, war es mir vergönnt, einen tiefen Blick in die Seele dieses

eigenartigen Menschen zu tun: er war ein «Ergriffener», das heißt einer, dem sich einmal ein Licht mit überwältigendem Eindruck geöffnet, das von seiner Seele Besitz ergriffen hat und ihn nicht mehr los ließ. Es war die Begegnung mit CHARCOTS Ideen, die jenes Urbild der dämonisch besessenen Seele in ihm erweckte und jenen leidenschaftlichen Erkenntnisdrang entzündete, der ihm eine dunkle Welt erschließen sollte. Er fühlte, daß er den Schlüssel hielt zu jenen düsteren Abgründen der besessenen Seele. Und was dem «lächerlichen Aberglauben» vergangener Zeiten als dämonischer Inkubus erschien, das wollte er als Illusion entlarven, dem bösen Geist die Maske vor die Füße schmeißen und ihn wiederum zum harmlosen Pudel zurückverwandeln, mit einem Wort: ihn zur «psychologischen Formel» machen. Er glaubte an die Macht des Intellektes; kein Faustisches Grauen erschütterte die Hybris seines Unterfangens. Er sagte einmal zu mir: «Mich wundert nur, was in der Zukunft die Neurotiker machen werden, wenn alle ihre Symbole einmal entlarvt sind. Dann wird ja die Neurose gänzlich unmöglich.» Er erhoffte alles von der Aufklärung, und darum war eines seiner Lieblingszitate das VOLTAIREsche: «Ecrasez l'infâme». Aus diesem Pathos erwuchs eine bewundernswerte Kenntnis und ein ebenso erstaunliches Verständnis des krankhaften seelischen Materials, das er unter hundert verhüllenden Larven witterte und aus ebensovielen Verkleidungen mit wahrhaft unendlicher Geduld herauszuschälen wußte.

Das KLAGESsche Wort vom «Geist als dem Widersacher der Seele» 72
wäre eine Formel für die Art, wie FREUD die besessene Seele erfaßte. Wo er immer konnte, enteignete er den «Geist» als Besitzergreifer und Verdränger, indem er ihn zur «psychologischen Formel» degradierte. Sein «nichts als» galt diesem «Geiste». In einer entscheidenden Unterredung versuchte ich einst, das «probare spiritus si ex Deo sint» seinem Verständnis näherzubringen. Leider gelang es mir nicht. So mußte das Schicksal wohl seinen Lauf nehmen. Man kann nämlich einer Ergriffenheit verfallen, wenn man nicht beizeiten begreift, warum man ergriffen worden ist. *Einmal* sollte man sich fragen: Warum hat mich jener Gedanke so ergriffen? Was heißt das in bezug auf mich selber? Dieser bescheidene Zweifel kann uns davor schützen, der eigenen Idee restlos und auf Nimmerwiedersehen zu verfallen.

Die «psychologische Formel» ist nur ein Scheinersatz für jenes dämo- 73
nisch Vitale, das eine Neurose verursacht. In Wirklichkeit besiegt nur

der *Geist* die «Geister», nicht der Intellekt, der bestenfalls dem getreuen Famulus Wagner entspricht und darum kaum zum Exorzisten geeignet ist.

V

ZUM GEDÄCHTNIS RICHARD WILHELMS[1]

Meine Damen und Herren!

Von RICHARD WILHELM und seinem Werke zu sprechen, ist keine leichte 74
Aufgabe, denn kometenartig und im Fernsten beginnend haben sich unsere Bahnen gekreuzt. Sie haben WILHELM wohl gekannt, bevor ich ihn kennenlernte, und sein Lebenswerk hat einen Umfang, den ich nicht ermessen habe. Auch habe ich jenes China, das ihn einst formte und später dauernd erfüllte, nie gesehen, noch ist mir dessen Sprache, die lebendige Geistesäußerung des chinesischen Ostens, geläufig. Ich stehe wohl als ein Fremder außerhalb jenes gewaltigen Wissens- und Erfahrungsgebietes, in welchem WILHELM als ein Meister seines Faches mitwirkte. Er als Sinologe und ich als Arzt, wir beide hätten uns wohl nie berührt, wenn wir Spezialisten geblieben wären. Wir begegneten uns aber im Menschenlande, das jenseits der akademischen Grenzpfähle beginnt. Dort lag unser Berührungspunkt, dort sprang der Funke über, der jenes Licht, welches mir zu einem der bedeutsamsten Ereignisse meines Lebens werden sollte, entzündete. Um dieses Erlebnisses willen darf ich wohl von WILHELM und seinem Werk sprechen, in dankbarer Ehrfurcht dieses Geistes gedenkend, der eine Brücke schuf zwischen Ost und West und dem Abendland das kostbare Erbe einer vielleicht dem Untergang geweihten tausendjährigen Kultur vermachte.

WILHELM besaß die Meisterschaft, die nur der erwirbt, der sein Fach 75
überwindet, und so ist ihm seine Wissenschaft eine Menschheitsangelegenheit geworden, – nein, nicht geworden, sie war es schon zu Anfang und war es immer. Denn was anderes hätte ihn dem engen Horizont

[1] [Diese Rede wurde an der Gedächtnisfeier für den am 1. März verstorbenen RICHARD WILHELM am 10. Mai 1930 in München gehalten. Erstmals veröffentlicht als «Nachruf für Richard Wilhelm» in: *Neue Zürcher Zeitung* CLI/1 (6. März 1930); dann in: *Chinesisch-Deutscher Almanach* (Frankfurt a. M. 1931); schließlich in der 2. Auflage von: *Das Geheimnis der Goldenen Blüte. Ein chinesisches Lebensbuch.* (Vgl. Bibliographie.)]

des Europäers und gar des Missionars dermaßen entrücken können, daß er, noch kaum bekannt mit dem Geheimnis der chinesischen Seele, die darin für uns verborgenen Schätze ahnte und um dieser kostbaren Perle willen sein europäisches Vorurteil opferte? Es kann nur eine allumfassende Menschlichkeit, eine das Ganze erahnende Größe des Herzens gewesen sein, die ihn dazu vermochte, sich einem zutiefst fremden Geiste bedingungslos zu öffnen und die mannigfachen Gaben und Fähigkeiten seiner Seele diesem Einfluß dienstbar zu machen. Seine verstehende Hingabe, jenseits alles christlichen Ressentiments, jenseits aller europäischen Anmaßung, ist allein schon das Zeugnis eines selten großen Geistes, denn alle Durchschnittsgeister verlieren sich entweder in blinder Selbstentwurzelung oder in ebenso verständnisloser wie anmaßlicher Tadelsucht. Bloße Oberflächen und Außenseiten der fremden Kultur betastend, essen sie nie vom Brote und trinken nie vom Weine der fremden Kultur, und es tritt so nie die communio spiritus ein, jene innerste Transfusion und Durchdringung, die zeugend neue Geburt vorbereitet.

76 Der Fachgelehrte ist in der Regel ein bloß männlicher Geist, ein Intellekt, dem Befruchtung ein fremder und widernatürlicher Vorgang ist, darum ist er ein sonderbar ungeeignetes Werkzeug zur Umgebärung eines fremden Geistes. Der größere Geist aber trägt die Merkmale des Weiblichen, ihm ist ein empfangender und gebärender Schoß gegeben, der Fremdes in bekannte Gestalt umzuschaffen vermag. Das seltene Charisma geistiger Mütterlichkeit war WILHELM in vollem Maße zu eigen. Ihm verdankt er seine bisher unerreichte Einfühlung in den Geist des Ostens, die ihn zu seinen unvergleichlichen Übersetzungen befähigte.

77 Als größte seiner Leistungen schwebt mir die Übersetzung und Kommentierung des *«I Ging»* [2] vor. Bevor ich WILHELMS Übersetzung kennenlernte, habe ich mich jahrelang mit LEGGES [3] unzulänglicher Übersetzung beschäftigt und war daher in der Lage, den außerordentlichen Unterschied in vollem Maße zu erfahren. Es ist WILHELM gelungen, dieses alte Werk, in welchem nicht nur viele Sinologen, son-

[2] [*I Ging. Das Buch der Wandlungen.* Aus dem Chinesischen verdeutscht und erläutert von R. WILHELM.]

[3] [*The Yî King.* Translated by JAMES LEGGE.]

dern auch die modernen Chinesen selber nichts mehr als eine Sammlung absurder Zaubersprüche erblicken, in neuer lebendiger Gestalt wiedererstehen zu lassen. Dieses Werk verkörpert, wie wohl kein anderes, den Geist chinesischer Kultur; haben doch die besten Geister Chinas seit Jahrtausenden daran mitgearbeitet und dazu beigetragen. Trotz seines sagenhaften Alters ist es nie alt geworden, sondern lebt und wirkt immer noch, für die wenigstens, die seinen Sinn verstehen. Und daß auch wir zu diesen Bevorzugten gehören, verdanken wir der schöpferischen Leistung WILHELMS. Er hat uns dieses Werk nahegebracht, nicht nur durch sorgfältige Übersetzerarbeit, sondern auch durch seine persönliche Erfahrung, einerseits als eines Schülers eines chinesischen Meisters alter Schule, andererseits als eines in die Psychologie des chinesischen Yoga Eingeweihten, dem die praktische Anwendung des *«I Ging»* stets erneuertes Erlebnis war.

Mit all diesen reichen Gaben aber hat uns WILHELM auch eine Auf- 78
gabe überbürdet, deren Ausmaß wir zur Zeit vielleicht zu ahnen, aber sicher noch nicht zu überblicken vermögen. Wem, wie mir, das seltene Glück zuteil geworden ist, in geistigem Austausch mit WILHELM die divinatorische Kraft des *«I Ging»* zu erfahren, dem kann es auf die Dauer nicht verborgen bleiben, daß wir hier einen archimedischen Punkt berühren, von welchem aus unsere abendländische Geisteshaltung aus ihren Angeln gehoben werden könnte. Es ist gewiß kein geringes Verdienst, ein so weitläufiges und farbenreiches Gemälde einer uns fremden Kultur zu entwerfen, wie dies WILHELM getan hat, aber es will fast wenig bedeuten im Vergleich mit der Tatsache, daß er uns darüber hinaus noch einen lebendigen Keim des chinesischen Geistes eingeimpft hat, der geeignet ist, unser Weltbild wesentlich zu verändern. Wir sind nicht bloß bewundernde oder bloß kritische Zuschauer geblieben, sondern Teilnehmer des östlichen Geistes geworden, insofern es uns gelungen ist, die lebendige Wirksamkeit des *«I Ging»* zu erfahren.

Die der Praxis des *«I Ging»* zugrunde liegende Funktion – wenn ich 79
mich so ausdrücken darf – steht nämlich, allem Anschein nach, in schärfstem Widerspruch zu unserer abendländischen wissenschaftlich-kausalistischen Weltanschauung. Sie ist mit anderen Worten äußerst unwissenschaftlich, sie ist geradezu verboten, daher unserem wissenschaftlichen Urteil entzogen und unverständlich.

80 Vor einigen Jahren fragte mich der damalige Präsident der British Anthropological Society, wie ich es erklären könne, daß ein geistig so hochstehendes Volk wie die Chinesen keine Wissenschaft zustande gebracht hätte. Ich erwiderte darauf, daß dies wohl eine optische Täuschung sein müsse, indem die Chinesen eine «Wissenschaft» besäßen, deren standard work eben der *«I Ging»* sei, daß aber das Prinzip dieser Wissenschaft, wie so vieles andere in China, von *unserem* Wissenschaftsprinzip durchaus verschieden sei.

81 Die Wissenschaft des *«I Ging»* beruht nämlich nicht auf dem Kausalprinzip, sondern auf einem bisher nicht benannten – weil bei uns nicht vorkommenden – Prinzip, das ich versuchsweise als *synchronistisches Prinzip* bezeichnet habe. Meine Beschäftigung mit der Psychologie unbewußter Vorgänge hat mich schon vor vielen Jahren genötigt, mich nach einem andern Erklärungsprinzip umzusehen, weil das Kausalprinzip mir ungenügend erschien, gewisse merkwürdige Erscheinungen der unbewußten Psychologie zu erklären. Ich fand nämlich zuerst, daß es psychologische Parallelerscheinungen gibt, die sich kausal schlechterdings nicht aufeinander beziehen lassen, sondern in einem andern Geschehenszusammenhang stehen müssen. Dieser Zusammenhang erschien mir wesentlich in der Tatsache der relativen Gleichzeitigkeit gegeben, daher der Ausdruck «synchronistisch». Es scheint nämlich, als ob die Zeit nichts weniger als ein Abstraktum, sondern vielmehr ein konkretes Kontinuum sei, welches Qualitäten oder Grundbedingungen enthält, die sich in relativer Gleichzeitigkeit an verschiedenen Orten in kausal nicht zu erklärendem Parallelismus manifestieren können, wie zum Beispiel in Fällen von gleichzeitigem Erscheinen von identischen Gedanken, Symbolen oder psychischen Zuständen. Ein anderes Beispiel wäre die von WILHELM hervorgehobene Gleichzeitigkeit chinesischer und europäischer Stilperioden, die kausal nicht aufeinander bezogen werden können. Ein Beispiel für Synchronismus größten Formates wäre die Astrologie, wenn sie über durchgängig gesicherte Resultate verfügte. Aber es gibt doch wenigstens einige hinlänglich gesicherte und durch umfangreiche Statistiken erhärtete Tatsachen, welche die astrologische Fragestellung der philosophischen Betrachtung würdig erscheinen lassen. (Der psychologischen Würdigung ist sie ohne weiteres sicher, denn die Astrologie stellt die Summe aller psychologischen Erkenntnisse im Altertum dar.)

Die tatsächlich vorhandene Möglichkeit, aus der Nativität den Charakter hinlänglich zu rekonstruieren, beweist die relative Gültigkeit der Astrologie. Da die Nativität aber keineswegs auf der wirklichen astronomischen Gestirnsstellung beruht, sondern auf einem arbiträren rein begrifflichen Zeitsystem, indem durch die Präzession der Äquinoktien der Frühlingspunkt sich längst aus 0° Aries astronomisch heraus verschoben hat, insofern es also tatsächlich richtige astrologische Diagnosen gibt, so beruhen sie nicht auf Gestirnswirkungen, sondern auf unsern hypothetischen Zeitqualitäten, das heißt mit anderen Worten, was in diesem Zeitmoment geboren oder geschaffen wird, hat die Qualität dieses Zeitmoments. 82

Dieses ist zugleich die Grundformel für die Praxis des *«I Ging»*. Bekanntlich erreicht man die Kenntnis des den Moment abbildenden Hexagramms durch eine auf reinstem Zufall beruhende Manipulation der Schafgarbenstengel oder der Münzen. Die Runenstäbe fallen so, wie der Moment ist. Die Frage ist nur: Gelang es dem alten König Wen und dem Herzog von Dschou um das Jahr 1000 vor Christi Geburt, das Zufallsbild der gefallenen Runenstäbe richtig zu deuten oder nicht[4]? Darüber entscheidet einzig die Erfahrung. 83

Anläßlich seines ersten Vortrages im Psychologischen Club in Zürich über den *«I Ging»* hat WILHELM auf meine Bitte die Praxis des *«I Ging»* demonstriert und dabei eine Prognose gestellt, die in weniger als zwei Jahren sich buchstäblich und in aller wünschbaren Deutlichkeit erfüllte. Diese Tatsache könnte durch viele parallele Erfahrungen bestätigt werden. Es liegt mir aber hier nicht daran, die Gültigkeit der Aussagen des *«I Ging»* objektiv festzustellen, sondern ich setzte sie voraus im Sinne meines verstorbenen Freundes und beschäftigte mich darum bloß mit der erstaunlichen Tatsache, daß die qualitas occulta des Zeitmomentes, ausgedrückt durch das Hexagramm im *«I Ging»*, lesbar geworden ist. Es handelt sich um einen der Astrologie nicht nur analogen, sondern sogar wesensverwandten Zusammenhang des Geschehens. Die Geburt entspricht den gefallenen Runenstäben, die Geburtskonstellation dem Hexagramm, und die aus der Konstellation erfolgende astrologische Deutung entspricht dem dem Hexagramm zugeordneten Text. 84

[4] Für nähere Angaben über Methode und Geschichte vgl. *I Ging*, I, p. 11 f.

85 Das auf dem synchronistischen Prinzip sich aufbauende Denken, das im *«I Ging»* seinen höchsten Gipfel erreicht, ist reinster Ausdruck des chinesischen Denkens überhaupt. Bei uns ist dieses Denken seit HERAKLIT aus der Philosophiegeschichte verschwunden, bis wir bei LEIBNIZ ein fernes Echo davon wieder vernehmen. Aber es war in der Zwischenzeit nicht ausgelöscht, sondern lebte im Zwielicht der astrologischen Spekulation weiter und ist auch heute noch auf dieser Stufe stehengeblieben.

86 *Hier rührt der «I Ging» Entwicklungsbedürftiges bei uns an.* Der Okkultismus hat in unsern Tagen eine Renaissance erlebt, die wirklich ihresgleichen sucht. Beinahe verfinstert sich darob das Licht des abendländischen Geistes. Ich denke dabei nicht an unsere Akademien und deren Vertreter. Ich bin ein Arzt und habe es mit gewöhnlichen Leuten zu tun. Deshalb weiß ich, daß die Universitäten aufgehört haben, als Lichtbringer zu wirken. Man ist des wissenschaftlichen Spezialistentums und des rationalistischen Intellektualismus überdrüssig geworden. Man will von Wahrheit hören, die nicht enger macht, sondern weiter, die nicht verdunkelt, sondern erleuchtet, die nicht an einem abläuft wie Wasser, sondern ergreifend bis ins Mark der Knochen dringt. Dieses Suchen droht in einem anonymen, aber weiten Publikum auf Abwege zu geraten.

87 Wenn ich an WILHELMS Leistung und Bedeutung denke, so fällt mir immer ANQUETIL DUPERRON ein, jener Franzose, der eben in jener Zeit, wo zum erstenmal seit beinahe achtzehnhundert Jahren das Unerhörte geschah, daß eine Déesse Raison den Christengott in Notre Dame vom Throne stieß, die erste *«Upanishad»*-Übersetzung nach Europa brachte. Heute, wo in Rußland weit Unerhörteres geschieht als damals in Paris, wo in Europa selber das christliche Symbol einen derartigen Schwächezustand erreicht hat, daß selbst die Buddhisten den Moment für Mission in Europa für gekommen erachten, ist es WILHELM, der uns ein neues Licht von Osten bringt. Dies ist die Kulturaufgabe, die WILHELM gefühlt hat. Er hat erkannt, wie vieles der Osten uns geben könnte zur Heilung unserer geistigen Not.

88 Einem Armen ist nicht damit geholfen, daß wir ihm ein mehr oder weniger großes Almosen in die Hand drücken, obschon er danach begehrt. Ihm ist viel besser geholfen, wenn wir ihm den Weg zeigen, wie er sich durch Arbeit dauernd aus seiner Not befreien kann. Die geistigen

Bettler unserer Tage sind leider allzu geneigt, das Almosen des Ostens sich anzueignen und seine Art und Weise blindlings nachzuahmen. Das ist die Gefahr, vor der nicht genug gewarnt werden kann und die auch WILHELM deutlich gefühlt hat. Dem geistigen Europa ist mit einer bloßen Sensation oder einem neuen Nervenkitzel nicht geholfen. Wir müssen vielmehr lernen zu erwerben, um zu besitzen. Was der Osten uns zu geben hat, soll uns bloße Hilfe sein bei einer Arbeit, die wir noch zu tun haben. Was nützt uns die Weisheit der *«Upanishaden»*, was die Einsichten des chinesischen Yoga, wenn wir unsere eigenen Fundamente wie überlebte Irrtümer verlassen und uns wie heimatlose Seeräuber an fremden Küsten diebisch niederlassen? Die Einsichten des Ostens, vor allem die Weisheit des *«I Ging»*, haben keinen Sinn, wo man sich vor der eigenen Problematik verschließt, wo man ein mit hergebrachten Vorurteilen künstlich zurechtgemachtes Leben lebt, wo man sich seine wirkliche Menschennatur mit ihren gefährlichen Untergründen und Dunkelheiten verschleiert. Das Licht dieser Weisheit leuchtet nur in der Dunkelheit, nicht im elektrischen Scheinwerferlicht des europäischen Bewußtseins- und Willenstheaters. Die Weisheit des *«I Ging»* ist hervorgegangen aus einem Hintergrund, von dessen Schrecken wir etwas ahnen, wenn wir von chinesischen Metzeleien lesen oder von der finsteren Macht chinesischer Geheimbünde oder von der namenlosen Armut, dem hoffnungslosen Schmutz und den Lastern der chinesischen Masse.

Wir bedürfen eines richtigen dreidimensionalen Lebens, wenn wir 89
die Weisheit Chinas als lebendig erfahren wollen. Darum bedürfen wir wohl zunächst der europäischen Weisheit über uns selbst. Unser Weg beginnt bei der europäischen Wirklichkeit und nicht bei Yogaübungen, die uns über unsere Wirklichkeit hinwegtäuschen sollen. Wir müssen WILHELMS Übersetzungsarbeit in weiterem Sinne fortsetzen, sollen wir uns als würdige Schüler des Meisters erweisen. Wie er östliches Geistesgut in europäischen Sinn übersetzte, so sollten wir wohl diesen Sinn in Leben übersetzen. Wie bekannt, übersetzt WILHELM den zentralen Begriff «Tao» mit *Sinn*. Diesen Sinn in Leben zu übersetzen, das heißt Tao zu verwirklichen, wäre wohl des Schülers Aufgabe. Mit Worten und guten Lehren wird aber Tao nicht geschaffen. Wissen wir genau, wie in uns oder um uns Tao entsteht? Etwa durch Nachahmung? Etwa durch Vernunft? oder Willensakrobatik?

90 Blicken wir nach Osten: Dort erfüllt sich ein übermächtiges Schicksal. Europäische Kanonen haben die Tore Asiens gesprengt, europäische Wissenschaft und Technik, europäische Diesseitigkeit und Begehrlichkeit überfluten China. Wir haben den Osten politisch überwunden. Wissen Sie, was geschah, als Rom den Nahen Osten politisch unterworfen hatte? Der Geist des Ostens zog in Rom ein. Mithras wurde der römische Militärgott, und aus dem unwahrscheinlichsten Winkel Vorderasiens kam ein neues geistiges Rom. Wäre es nicht denkbar, daß heutzutage Ähnliches geschieht und wir ebenso blind wären wie die gebildeten Römer, die sich über den Aberglauben der Χρηστοί wunderten? Es ist zu bemerken, daß England und Holland, die beiden ältesten Kolonialmächte des Ostens, auch am meisten von indischer Theosophie verseucht sind. Ich weiß, daß unser Unbewußtes voll östlicher Symbolik steckt. Der Geist des Ostens ist wirklich ante portas. Darum scheint es mir, daß die Verwirklichung des Sinnes, das Suchen des Tao, bei uns in weit stärkerem Maße bereits kollektive Erscheinung geworden ist, als man allgemein denkt. Ich betrachte zum Beispiel die Tatsache, daß Wilhelm und der Indologe Hauer [5] zum Referat über Yoga beim diesjährigen Deutschen Psychotherapeutenkongreß gebeten worden sind, als ein überaus bedeutsames Zeichen der Zeit. Man bedenke, was es heißt, wenn der praktische Arzt, der ganz unmittelbar mit dem leidenden und darum empfänglichen Menschen zu tun hat, Fühlung mit östlichen Heilsystemen nimmt! So dringt der Geist des Ostens durch alle Poren ein und erreicht die wundesten Stellen Europas. Es könnte eine gefährliche Infektion sein, vielleicht ist es aber auch ein Heilmittel. Die babylonische Sprachverwirrung des westlichen Geistes hat eine solche Desorientierung erzeugt, daß sich alles nach einfacher Wahrheit sehnt oder wenigstens nach allgemeinen Ideen, die nicht nur zum Kopf, sondern auch zum Herzen sprechen, die dem anschauenden Geiste Klarheit und dem ruhelosen Drängen der Gefühle Frieden geben. Wie das alte Rom es tat, so geschieht es auch heute, daß wir wieder allen exotischen Aberglauben importieren in der Hoffnung, darunter das richtige Heilmittel für unsere Krankheit zu entdecken.

5 [August Hauer (geb. 1881), erst Missionar, später Professor für Sanskrit an der Universität Tübingen.]

Der menschliche Instinkt weiß es, daß alle große Weisheit einfach 91
ist und deshalb vermutet der Instinktschwache die große Wahrheit in allen billigen Simplifikationen und Plattheiten, oder er verfällt infolge seiner Enttäuschungen auf den entgegengesetzten Irrtum, daß die große Wahrheit möglichst dunkel und kompliziert sein müsse. Wir haben heute eine gnostische Bewegung in der anonymen Masse, die psychologisch derjenigen vor neunzehnhundert Jahren genau entspricht. Damals wie heute spannen einsame Wanderer wie der große APOLLONIUS die geistigen Fäden von Europa bis nach Asien, vielleicht bis ins ferne Indien. Aus solch geschichtlicher Entfernung betrachtet sehe ich WILHELM wie einen jener großen gnostischen Vermittler, die vorderasiatisches Kulturgut mit hellenischem Geist in Berührung brachten und damit eine neue Welt aus den Trümmern des römischen Imperiums entstehen ließen. Damals wie heute überwogen das Vielerlei, die Plattheit, die Verstiegenheit, der schlechte Geschmack und die innere Beunruhigung. Damals wie heute war der Kontinent des Geistes überflutet, so daß nur einzelne Bergspitzen wie ebensoviele Inseln auf dem unbestimmt Wogenden hervorragten. Damals wie heute standen alle geistigen Abwege offen, und der Weizen der Afterpropheten blühte.

Mitten in der lärmenden Disharmonie von Blech und Holz euro- 92
päischer Meinung die einfache Sprache WILHELMS, des Boten von China, zu vernehmen, ist reine Wohltat. Man merkt es ihr an: Sie ist geschult an der pflanzenhaften Naivität des chinesischen Geistes, der im Anspruchslosen Tiefes auszudrücken vermag; sie verrät etwas von der Einfachheit der großen Wahrheit, von der Schlichtheit der tiefen Bedeutung, und sie trägt bis zu uns den leisen Duft der goldenen Blüte. Mit Sanftheit eindringend hat sie dem Boden Europas einen zarten Keimling eingesenkt, für uns eine neue Ahnung von Leben und Sinn nach all dem Krampf von Willkürlichkeit und Anmaßung.

WILHELM hatte die für den Europäer so ungewöhnlich große Be- 93
scheidenheit vor der fremden Kultur des Ostens. Er stellte ihr nichts entgegen, kein Vorurteil und kein Besserwissen, sondern öffnete ihr Herz und Sinn. Er ließ sich von ihr ergreifen und gestalten, so daß er, als er nach Europa zurückkehrte, uns nicht nur ein getreues Abbild des Ostens in seinem Geiste, sondern auch in seinem Wesen mitbrachte. Diese tiefe Umgestaltung ist ihm gewiß nicht ohne große Opfer gelun-

gen, denn unsere geschichtlichen Voraussetzungen sind so ganz andere als die des Ostens. Die Schärfe des westlichen Bewußtseins und dessen grelle Problematik mußte dem universaleren, gleichmütigeren Wesen des Ostens, und der westliche Rationalismus und seine einseitige Differenzierung der östlichen Weite und Einfachheit weichen. Diese Veränderung bedeutete für Wilhelm gewiß nicht nur eine intellektuelle Standpunktverschiebung, sondern auch eine wesentliche Umlagerung der Komponenten seiner Persönlichkeit. Das reine, von jeder Absichtlichkeit und Gewaltsamkeit befreite Bild des Ostens, das er uns gab, hätte Wilhelm nie in dieser Vollendung erschaffen können, wenn es ihm nicht zugleich gelungen wäre, den europäischen Menschen in sich in den Hintergrund treten zu lassen. Hätte er Osten und Westen mit unnachgiebiger Härte in sich aufeinanderprallen lassen, so hätte er wohl seine Mission, uns ein reines Bild Chinas zu vermitteln, nicht erfüllen können. Das Selbstopfer des europäischen Menschen war unvermeidlich und zur Erfüllung der schicksalhaften Aufgabe unerläßlich.

94 Wilhelm hat seine Mission im höchsten Sinne erfüllt. Nicht nur hat er uns die toten Geistesschätze Chinas zugänglich gemacht, sondern er hat uns auch, wie ich vorhin schon ausführte, die durch alle Jahrtausende lebendige geistige Wurzel des chinesischen Geistes mitgebracht und in den Boden Europas gepflanzt. Mit der Vollendung dieser Aufgabe hat seine Mission ihren Höhepunkt und damit – leider – auch ihr Ende erreicht. Nach dem von den Chinesen so klar erschauten Gesetze der Enantiodromie, des Gegenlaufs, tritt aus dem Ende der Anfang des Gegensatzes heraus. So geht Yang in seiner Kulmination in Yin über, und die Position wird durch die Negation abgelöst. Erst in den letzten Jahren seines Lebens bin ich Wilhelm nähergetreten und habe es beobachten können, wie mit der Vollendung seines Lebenswerkes Europa und der europäische Mensch immer mehr sich ihm annäherten, ja sogar ihn bedrängten. Und damit wuchs in ihm auch das Gefühl, daß er vor einer großen Veränderung stünde, vor einer Umwälzung, deren Wesen ihm allerdings nicht klar faßbar war. Es war ihm nur gewiß, daß er vor einer entscheidenden Krisis stünde. Mit dieser geistigen Entwicklung ging die physische Krankheit parallel. Seine Träume waren erfüllt von chinesischen Erinnerungen, aber immer waren es traurige und düstere Bilder, die ihm vorschwebten, ein deutlicher Beweis für das Negativwerden der chinesischen Inhalte.

Nichts kann für immer geopfert werden. Alles kehrt später wieder 95
in verwandelter Gestalt. Und wo einst ein großes Opfer stattgefunden hat, da muß, wenn das Geopferte zurückkehrt, ein noch gesunder und widerstandsfähiger Körper vorhanden sein, um die Erschütterungen einer großen Umwälzung ertragen zu können. Deshalb bedeutet eine geistige Krisis von diesem Ausmaß oft den Tod, wenn sie auf einen durch Krankheit geschwächten Körper trifft. Denn nunmehr liegt das Opfermesser in der Hand des einstmals Geopferten, und von dem, der einstmals Opferer war, ist ein Tod verlangt.

Ich habe, wie Sie sehen, mit meinen persönlichen Auffassungen 96
nicht zurückgehalten, denn wie anders wäre es mir möglich gewesen, von WILHELM zu sprechen, wenn ich nicht sagte, wie ich ihn erlebt habe? WILHELMS Lebenswerk ist mir darum von so hohem Wert, weil es mir so vieles erklärte und bestätigte, was ich versuchte, erstrebte, dachte und tat, um dem seelischen Leiden Europas zu begegnen. Es war mir ein gewaltiges Erlebnis, durch ihn in klarer Sprache zu hören, was mir aus den Wirrnissen des europäischen Unbewußten dunkel entgegendämmerte. In der Tat fühle ich mich so sehr bereichert durch ihn, daß es mir scheint, als hätte ich mehr von ihm empfangen als irgendein anderer, weshalb ich es auch als keine Anmaßung empfinde, wenn ich es bin, der unser aller Dankbarkeit und Ehrfurcht am Altare seines Gedenkens niederlegt.

VI

ÜBER DIE BEZIEHUNGEN DER ANALYTISCHEN PSYCHOLOGIE ZUM DICHTERISCHEN KUNSTWERK[1]

Die Aufgabe, über die Beziehungen der analytischen Psychologie zum dichterischen Kunstwerk zu sprechen, ist mir, trotz ihrer Schwierigkeit, eine willkommene Gelegenheit, meinen Standpunkt in der vielumstrittenen Frage des Verhältnisses von Psychologie und Kunst klarzulegen. Zweifellos haben beide Gebiete trotz ihrer Inkommensurabilität nächste Beziehungen zueinander, die zu einer Auseinandersetzung unmittelbar auffordern. Diese Beziehungen beruhen auf der Tatsache, daß die Kunst in ihrer Ausübung eine psychologische Tätigkeit ist, und insofern sie eine solche ist, kann und soll sie auch einer psychologischen Betrachtungsweise unterworfen werden; denn unter diesem Gesichtswinkel ist sie, wie jede aus psychischen Motiven hervorgegangene menschliche Tätigkeit, ein Objekt der Psychologie. Mit dieser Feststellung ist aber auch eine sehr deutliche Beschränkung der Anwendung des psychologischen Gesichtspunktes gegeben: *Nur der Teil der Kunst, welcher im Prozeß der künstlerischen Gestaltung besteht, kann Gegenstand der Psychologie sein, nicht aber jener, der das eigentliche Wesen der Kunst ausmacht. Dieser zweite Teil kann, als die Frage, was Kunst in sich selbst sei, nie Gegenstand einer psychologischen, sondern nur einer ästhetisch-künstlerischen Betrachtungsweise sein.* 97

Eine ähnliche Unterscheidung müssen wir ja auch durchführen auf dem Gebiete der Religion: dort ebenfalls kann eine psychologische Betrachtung nur in Hinsicht der emotionalen und symbolischen *Phänomene* einer Religion stattfinden, wodurch aber das Wesen der Religion keineswegs berührt wird noch berührt werden kann. Wäre letzteres möglich, so könnte nicht nur die Religion, sondern auch die Kunst als 98

[1] [Vortrag, gehalten in der Gesellschaft für Deutsche Sprache und Literatur in Zürich, Mai 1922. Veröffentlicht in: *Wissen und Leben* XV (Zürich, September 1922). Ferner in: C. G. JUNG, *Seelenprobleme der Gegenwart* (vgl. Bibliographie).]

ein Unterabschnitt der Psychologie behandelt werden. Damit soll allerdings keineswegs in Abrede gestellt werden, daß solche Übergriffe tatsächlich stattfinden. Wer sie aber begeht, der vergißt offenbar, daß es der Psychologie leicht ebenso gehen könnte, indem man ihren spezifischen Wert und ihre eigentliche Wesenheit dadurch zunichte machte, daß sie als bloße Gehirntätigkeit neben anderen Drüsentätigkeiten in einem Unterabschnitt der Physiologie abgehandelt würde. Auch das ist, wie allgemein bekannt, schon vorgekommen.

99 Kunst ist ihrem Wesen nach keine Wissenschaft, und Wissenschaft ist ihrem Wesen nach keine Kunst; deshalb haben beide Geistesgebiete ein Reservat, das nur ihnen eigentümlich ist und sich nur aus sich selbst erklären kann. Wenn wir daher vom Verhältnis der Psychologie zur Kunst sprechen, so handeln wir nur von jenem Teile der Kunst, der überhaupt einer psychologischen Betrachtungsweise ohne Übergriff unterworfen werden kann. Was immer die Psychologie über die Kunst ausmachen kann, wird sich auf den psychischen Prozeß der künstlerischen Tätigkeit beschränken und niemals das innerste Wesen der Kunst selber betreffen. Dies kann ebensowenig der Fall sein, wie der Intellekt das Wesen des Gefühls darstellen oder gar erfassen könnte. Ja, diese beiden Dinge würden als getrennte Wesenheiten überhaupt gar nicht existieren, wenn sich ihre prinzipielle Verschiedenheit nicht schon längst der Einsicht aufgedrängt hätte. Die Tatsache, daß beim kleinen Kinde der «Streit der Fakultäten» noch nicht ausgebrochen ist, sondern künstlerische, wissenschaftliche und religiöse Möglichkeiten noch ruhig nebeneinander schlummern, oder die andere Tatsache, daß beim Primitiven die Ansätze zur Kunst, zur Wissenschaft und Religion noch ungetrennt im Chaos der magischen Mentalität beisammenliegen, oder endlich jene dritte Tatsache, daß beim Tiere vom «Geiste» überhaupt noch nichts zu merken ist, sondern bloß von «Naturinstinkt» – alle diese Tatsachen beweisen nichts für eine prinzipielle Einheit des Wesens von Kunst und Wissenschaft, die allein eine gegenseitige Subsumption, beziehungsweise eine Reduktion des einen auf das andere berechtigen würde. Denn, wenn wir im geistigen Entwicklungszustand so weit zurückgehen, bis die prinzipiellen Unterschiede der einzelnen Geistesgebiete überhaupt unsichtbar geworden sind, so sind wir damit nicht zur Erkenntnis eines tieferen Prinzips ihrer Einheit gelangt, sondern bloß zu einem entwicklungsgeschichtlich früheren Zustand der Undifferen-

ziertheit, in welchem weder das eine noch das andere existierte. Dieser elementare Zustand ist aber kein Prinzip, aus dem wir einen Schluß auf das Wesen späterer und höher entwickelter Zustände ableiten könnten, auch wenn diese direkt, wie dies ja stets der Fall ist, daraus hervorgehen. Eine wissenschaftliche Einstellung wird natürlich stets die Neigung haben, zugunsten einer kausalen Ableitung das Wesen einer Differenzierung zu übersehen, und danach trachten, diese einem zwar allgemeinen, aber auch elementareren Begriffe unterzuordnen.

Diese Überlegungen scheinen mir heute gerade sehr am Platze zu 100
sein, denn wir haben es in neuerer Zeit vielfach erlebt, daß besonders dichterische Kunstwerke in einer Art gedeutet worden sind, welche eben gerade dieser Zurückführung auf elementarere Zustände entspricht. Man kann wohl die Bedingungen des künstlerischen Schaffens, den Stoff und dessen individuelle Behandlung zum Beispiel auf das persönliche Verhältnis des Dichters zu seinen Eltern zurückführen, wobei aber für das Verständnis seiner Kunst nichts gewonnen ist. Man kann nämlich dieselbe Zurückführung in allen möglichen anderen Fällen, und nicht zuletzt auch bei krankhaften Störungen machen. Auch Neurosen und Psychosen sind auf das Verhältnis des Kindes zu den Eltern zu reduzieren, so gut wie gute und schlechte Gewohnheiten, Überzeugungen, Eigenarten, Leidenschaften, besondere Interessen usw. Man kann aber nicht wohl annehmen, daß alle diese sehr verschiedenartigen Dinge sozusagen eine und dieselbe Erklärung hätten, sonst käme man ja zum Schlusse, daß sie auch eine und dieselbe Sache wären. Wenn also ein Kunstwerk genau so erklärt wird wie eine Neurose, so ist entweder das Kunstwerk eine Neurose oder die Neurose ein Kunstwerk. Als ein paradoxes Wortspiel könnte man eine solche façon de parler gelten lassen, aber der gesunde Menschenverstand sträubt sich dagegen, Kunstwerk und Neurose auf einer Linie zu sehen. Eine Neurose wird höchstens ein analysierender Arzt durch die Brille eines professionellen Vorurteils als Kunstwerk ansehen können, aber dem denkenden Laien wird es nie einfallen, ein krankhaftes Phänomen mit Kunst zu verwechseln, wennschon auch er die Tatsache nicht leugnen kann, daß das Zustandekommen eines Kunstwerkes unter ähnlichen psychischen Vorbedingungen steht wie eine Neurose. Dem ist aber natürlicherweise so, weil gewisse psychische Vorbedingungen überall vorhanden sind, und zwar sind es – wegen der relativen Gleichheit der menschlichen Lebens-

bedingungen – immer wieder dieselben, handle es sich nun um einen nervösen Gelehrten, um einen Dichter oder um einen Normalmenschen. Alle haben wohl Eltern gehabt, alle haben einen sogenannten Vater- und Mutterkomplex, alle haben Sexualität und damit gewisse typische, allgemein menschliche Schwierigkeiten. Daß dieser Dichter mehr von seinem Verhältnis zum Vater, jener aber mehr von seiner Mutterbindung beeinflußt ist, ein dritter endlich in seinen Werken unverkennbare Spuren von Sexualverdrängung aufweist, all das läßt sich auch von allen Neurotikern und überdies von allen normalen Menschen sagen. Und darum ist für die Beurteilung des Kunstwerkes damit nichts Spezifisches gewonnen. Bestenfalls wird dadurch die Kenntnis der historischen Vorbedingungen erweitert und vertieft.

101 Tatsächlich hat die von FREUD inaugurierte Richtung der medizinischen Psychologie für den Literarhistoriker manche neue Anregung gegeben, gewisse Eigenarten des individuellen Kunstwerkes in Zusammenhang mit persönlichen, intimen Erlebnissen des Dichters zu bringen. Damit soll nicht gesagt sein, daß die wissenschaftliche Behandlung des dichterischen Kunstwerkes nicht schon längst gewisse Fäden aufgedeckt hätte, welche das persönliche, intime Erleben des Dichters seinem Werke – absichtlich oder unabsichtlich – eingewoben hat. Die Arbeiten von FREUD ermöglichen aber eine unter Umständen tiefergreifende und mehr erschöpfende Aufzeigung der Einflüsse der bis in die früheste Kindheit zurückreichenden Erlebnisse auf das künstlerische Schaffen. Mit Maß und Geschmack angewendet, ergibt sich ein oft reizvolles Gesamtbild von der Art, wie die künstlerische Schöpfung in das persönliche Leben des Künstlers einerseits verwoben ist, anderseits wieder aus dieser Verflechtung hervortritt. Insoweit unterscheidet sich die sogenannte *Psychoanalyse* des Kunstwerkes im Prinzip keineswegs von einer weitgehenden und geschickt nuancierten literarisch-psychologischen Analyse. Der Unterschied ist höchstens ein gradueller, aber gelegentlich überraschend durch indiskrete Schlüsse und Nachweise, die einem etwas delikateren Zufassen schon aus Taktgefühl leicht entgehen. Dieser Mangel an Scheu vor dem Menschlich-Allzumenschlichen ist eben die professionelle Eigentümlichkeit einer medizinischen Psychologie, die, wie schon Mephistopheles richtig erkannt hat, gerne «zum Willkomm» «nach allen Siebensachen tappt», «um die ein andrer viele Jahre streicht» – aber leider nicht immer zu ihrem eigenen Vorteil. Die Mög-

lichkeit kühner Schlüsse verführt leicht zu Gewaltstreichen. Ein klein bißchen chronique scandaleuse ist oft das Salz einer Biographie, aber ein bißchen mehr ist unreinliche Schnüffelei, eine Katastrophe des guten Geschmackes unter dem Deckmantel der Wissenschaft. Unversehens wendet sich dabei das Interesse vom Kunstwerk ab und verliert sich im labyrinthisch verschlungenen Gewirre psychischer Vorbedingungen, und der Dichter wird zum klinischen Fall, eventuell zum soundsovielten Beispiel der psychopathia sexualis. Damit hat aber auch die Psychoanalyse des Kunstwerkes sich aus ihrem Objekt heraus entfernt und die Diskussion auf ein Gebiet verlegt, das ganz allgemein menschlich und für den Künstler nicht im geringsten spezifisch und namentlich für seine Kunst sehr unwesentlich ist.

Diese Art Analyse führt *vor* das Kunstwerk, in die Sphäre allgemein 102
menschlicher Psychologie, aus der neben dem Kunstwerk auch noch alles andere entstehen kann. Eine hieraus auf das Kunstwerk bezogene Erklärung ist demgemäß eine Flachheit, wie etwa der Satz: «Jeder Künstler ist ein Narziß.» Jeder, der seine eigene Linie soviel wie möglich durchführt, ist ein «Narziß», wenn es überhaupt gestattet ist, einen so speziell geprägten Begriff der Neurosenpathologie in so weiter Anwendung zu gebrauchen; und darum sagt ein solcher Satz auch nichts, sondern er ist bloß überraschend in der Art eines Bonmot. Weil sich diese Art Analyse gar nicht mit dem Kunstwerk selbst befaßt, sondern danach trachtet, sobald wie möglich in die Hinter- und Untergründe maulwurfähnlich sich einzugraben, so gelangt sie stets in dieselbe allgemeine Erde, welche alle Menschheit trägt, und darum sind ihre Erklärungen von erschütternder Monotonie – dasselbe, was man auch in der ärztlichen Sprechstunde hört.

Die reduktive Methode FREUDS ist eben eine medizinische Behand- 103
lungsmethode, welche eine krankhafte und uneigentliche Bindung zum Objekt hat. Diese krankhafte Bindung steht an Stelle einer normalen Leistung und muß daher zerstört werden, damit der Weg für die gesunde Anpassung frei wird. In diesem Falle ist die Zurückführung auf eine allgemein menschliche Basis durchaus am Platze. Auf das Kunstwerk verwendet, führt diese Methode zu den eben geschilderten Resultaten: sie schält aus dem schimmernden Gewande des Kunstwerkes die nackte Alltäglichkeit des elementaren homo sapiens heraus, zu welcher Spezies auch der Dichter zählt. Der goldene Schein höchsten Schaffens,

von dem man sich zu sprechen anschickte, erlischt, weil er derselben Ätzmethode ausgesetzt wurde wie die trügerische Phantastik einer Hysterie. Eine solche Sektion ist gewiß sehr interessant und vielleicht von ebensoviel wissenschaftlichem Wert wie die Obduktion des Gehirns von NIETZSCHE, die nur zeigen könnte, an welcher atypischen Form von Paralyse er gestorben ist. Hat dies aber mit *«Zarathustra»* etwas zu tun? Was immer seine Hinter- und Untergründe gewesen sein mögen, ist er nicht ganz und *eine* Welt, jenseits von menschlicher, allzumenschlicher Unzulänglichkeit, jenseits von Migräne und Gehirnzellenatrophie?

104 Ich sprach bisher von der reduktiven Methode FREUDS, ohne mit Einzelheiten zu sagen, worin die Methode besteht. Es handelt sich um eine medizinisch-psychologische Technik der psychischen Krankenuntersuchung, welche sich ausschließlich mit den Wegen und Mitteln befaßt, wie man den bewußten Vordergrund umgehen oder durchschauen kann, um zum psychischen Hintergrund, zum sogenannten Unbewußten, zu gelangen. Diese Technik beruht auf der Voraussetzung, daß der neurotisch Kranke gewisse psychische Inhalte aus dem Bewußtsein verdränge, infolge deren Inkompatibilität (Unvereinbarkeit) mit dem Bewußtsein. Diese Unvereinbarkeit ist als eine moralische gedacht; demgemäß müssen die verdrängten Inhalte einen entsprechend negativen Charakter tragen, nämlich einen infantil-sexuellen, obszönen bis kriminellen, der sie dem Bewußtsein als unannehmbar erscheinen läßt. Da kein Mensch vollkommen ist, so besitzt jeder einen solchen Hintergrund, ob er das nun zugeben kann oder nicht. Deshalb kann man ihn auch überall entdecken, wenn man nur die von FREUD ausgearbeitete Deutungstechnik anwendet.

105 Im Rahmen dieses zeitlich beschränkten Vortrages ist es mir natürlich unmöglich, auf die Einzelheiten der Deutungstechnik einzutreten. Ich muß mich daher mit einigen Andeutungen begnügen. Die unbewußten Hintergründe bleiben nicht inaktiv, sondern sie verraten sich durch charakteristische Beeinflussungen der Bewußtseinsinhalte. Sie erzeugen zum Beispiel Phantasieprodukte von eigentümlicher Beschaffenheit, die manchmal leicht auf gewisse sexuelle Hintergrundsvorstellungen zurückzuführen sind. Oder sie bewirken gewisse charakteristische Störungen der bewußten Abläufe, die ebenfalls auf verdrängte Inhalte reduzierbar sind. Eine ganz wichtige Quelle für die Kenntnis der unbewußten Inhalte sind die Träume, welche direkte Produkte der Tätigkeit des

Unbewußten sind. Das Wesentliche der reduktiven Methode FREUDS besteht darin, daß sie alle Indizien unbewußter Unter- und Hintergründe sammelt und durch Analyse und Deutung derselben die elementaren unbewußten Triebvorgänge rekonstruiert. Diejenigen Bewußtseinsinhalte, welche unbewußte Hintergründe ahnen lassen, nennt FREUD unrichtigerweise *Symbole,* während sie in seiner Lehre nur die Rolle von *Zeichen* oder *Symptomen* von Hintergrundsvorgängen spielen und keineswegs diejenige des eigentlichen Symboles, welches als ein Ausdruck verstanden werden muß für eine noch nicht anders oder besser zu fassende Anschauung. Wenn zum Beispiel PLATON das ganze erkenntnistheoretische Problem im Gleichnis von der Höhle ausdrückt, oder wenn Christus den Begriff des Gottesreiches in seinen Gleichnissen ausspricht, so sind dies echte und rechte Symbole, nämlich Versuche, eine Sache auszudrücken, für die noch kein Wortbegriff existiert. Wenn wir PLATONS Gleichnis nach FREUD deuten würden, so kämen wir natürlicherweise auf den Uterus, und wir hätten erwiesen, daß selbst PLATONS Geist noch tief im Ursprünglichen steckte, ja selbst im Infantil-Sexuellen. Damit hätten wir aber auch gründlich übersehen, was PLATON aus den primitiven Vorbedingungen seiner philosophischen Anschauung schöpferisch gestaltet hat; ja, wir wären achtlos gerade an seinem Wesentlichsten vorübergegangen und hätten bloß entdeckt, daß er infantil-sexuelle Phantasien hatte wie alle anderen gewöhnlichen Sterblichen. Eine solche Feststellung hätte nur Wert für den, der PLATON für ein übermenschliches Wesen hielte und nun mit Genugtuung feststellen kann, daß selbst PLATON ein Mensch ist. Wer aber könnte PLATON für einen Gott halten? Doch wohl nur einer, der unter der Herrschaft infantiler Phantasien steht, also eine neurotische Mentalität besitzt. Einer solchen ist Reduktion auf allgemein menschliche Wahrheiten zuträglich aus medizinischen Gründen. Mit dem Sinne des PLATONschen Gleichnisses hätte dies aber nicht das geringste zu tun.

Ich habe mich mit Absicht längere Zeit bei dem Verhältnis der ärztli- 106
chen Psychoanalyse zum Kunstwerk aufgehalten, und zwar darum, weil diese Art von Psychoanalyse auch zugleich die FREUDsche Doktrin ist. FREUD selber hat durch seinen starren Dogmatismus dafür gesorgt, daß die beiden, im Grunde genommen sehr verschiedenen Dinge vom Publikum für identisch gehalten werden. Man kann aber diese Technik für gewisse medizinische Fälle mit Vorteil verwenden, ohne sie zugleich auch

zu einer Doktrin zu erheben. Und gegen diese Doktrin muß man energische Einwände erheben. Sie beruht auf willkürlichen Voraussetzungen: die Neurosen zum Beispiel beruhen keineswegs ausschließlich auf Sexualverdrängung, ebensowenig die Psychosen. Die Träume enthalten keineswegs bloß unvereinbare, verdrängte Wünsche, welche durch eine hypothetische Traumzensur verhüllt werden. Die FREUDsche Deutungstechnik, soweit sie unter dem Einfluß seiner einseitigen und deshalb schiefen Hypothesen steht, ist von handgreiflicher Willkürlichkeit.

107 Um dem Kunstwerk gerecht zu werden, muß die analytische Psychologie das medizinische Vorurteil gänzlich abstreifen, denn das Kunstwerk ist keine Krankheit und verlangt daher eine ganz andere Orientierung als eine ärztliche. Wenn der Arzt natürlicherweise den Ursachen einer Krankheit nachforschen muß, um sie womöglich mit den Wurzeln auszurotten, so muß der Psychologe ebenso natürlicherweise dem Kunstwerk gegenüber eine entgegengesetzte Einstellung annehmen. Er wird nicht die für das Kunstwerk überflüssige Frage nach den ihm unzweifelhaft vorangegangenen allgemein menschlichen Bedingungen aufwerfen, sondern er wird nach dem Sinn des Werkes fragen, und dessen Vorbedingungen werden ihn nur insoweit interessieren, als sie für das Verständnis des Sinnes in Betracht kommen. Die persönliche Kausalität hat mit dem Kunstwerk so viel und so wenig zu tun wie der Boden mit der Pflanze, die aus ihm wächst. Gewiß werden wir einige Besonderheiten der Pflanze verstehen lernen, wenn wir die Beschaffenheit ihres Standortes kennen. Für den Botaniker ist dies sogar eine wichtige Komponente seiner Erkenntnis. Aber niemand wird behaupten wollen, daß damit alles Wesentliche an der Pflanze erkannt sei. Die Einstellung aufs Persönliche, welche durch die Frage nach der persönlichen Kausalität veranlaßt wird, ist dem Kunstwerk gegenüber insofern ganz inadäquat, als das Kunstwerk kein Mensch, sondern überpersönlich ist. Es ist eine Sache, die keine Persönlichkeit hat und für die das Persönliche daher kein Kriterium ist. Das echte Kunstwerk hat sogar seinen besonderen Sinn darin, daß es ihm gelingt, sich aus den Beengungen und Sackgassen des Persönlichen zu befreien und all die Vergänglichkeit und Kurzatmigkeit des Nur-Persönlichen weit unter sich zu lassen.

108 Ich muß aus persönlicher Erfahrung gestehen, daß es für den Arzt keine leichte Sache ist, dem Kunstwerk gegenüber die professionelle Brille abzulegen und damit auch die landläufige biologische Kausalität

von seiner Anschauung abzustreifen. Ich habe aber einsehen gelernt, daß eine bloß biologisch orientierte Psychologie zwar auf Menschen mit einem gewissen Maß von Berechtigung angewendet werden kann, nicht aber dem Kunstwerk und daher auch nicht dem Menschen als Schöpfer gegenüber. Eine rein kausalistische Psychologie kann gar nicht anders, als jedes menschliche Individuum zu einem Glied der Spezies homo sapiens zu reduzieren, denn für sie gibt es nur Hergekommenes und Abgestammtes. Das Kunstwerk aber ist nicht nur Hergekommenes und Abgeleitetes, sondern es ist eine schöpferische Neugestaltung eben jener Bedingungen, aus denen eine kausalistische Psychologie es gültig ableiten wollte. Die Pflanze ist nicht ein bloßes Produkt des Bodens, sondern ein in sich selbst ruhender, lebendiger, schöpferischer Prozeß, dessen Wesenheit mit der Beschaffenheit des Bodens nichts zu tun hat. So will das Kunstwerk betrachtet sein als eine alle Vorbedingungen frei ergreifende, schöpferische Gestaltung. Sein Sinn und seine ihm eigentümliche Art ruhen in ihm selber und nicht in seinen äußeren Vorbedingungen; ja, man könnte fast sagen, es sei ein Wesen, das den Menschen und seine persönlichen Dispositionen nur als Nährboden benützt, über dessen Kräfte nach eigenen Gesetzen verfügt und sich selbst zu dem gestaltet, was es aus sich selber werden will.

Doch damit greife ich vor, indem ich eine besondere Gattung von 109
Kunstwerk antizipiere, eine Gattung, die ich erst noch einzuführen habe. Denn nicht jedes Kunstwerk wird unter diesem Aspekt geschaffen. Es gibt Werke, Dichtungen sowohl wie Prosaschriften, welche ganz aus der Absicht und dem Entschluß des Autors, diese oder jene Wirkung zu erzielen, entstehen. In diesem Fall unterwirft der Autor seinen Stoff einer bestimmt gerichteten, absichtsvollen Behandlung, indem er dazu tut und davon nimmt, diesen Effekt unterstreicht, jenen mildert, diese Farbe hier aufträgt, jene dort unter sorgsamster Abwägung der möglichen Wirkungen und unter steter Beobachtung der Gesetze der schönen Form und des Stiles. Der Autor verwendet bei dieser Arbeit sein schärfstes Urteil und wählt seinen Ausdruck nach völliger Freiheit. Sein Stoff ist ihm nur Stoff, seiner künstlerischen Absicht unterworfen: er will *dieses* darstellen und nichts anderes. In dieser Tätigkeit ist der Dichter schlechthin identisch mit dem schöpferischen Prozeß, gleichviel, ob er sich freiwillig an die Spitze der schöpferischen Bewegung gestellt hat oder ob diese ihn als Werkzeug so gänzlich ergriffen hat, daß ihm jegli-

ches Bewußtsein dieser Tatsache entschwunden ist. Er ist die schöpferische Gestaltung selbst und steht völlig und von ihr ununterschieden darin, mit all seinen Absichten und seinem ganzen Können. Ich brauche wohl hierfür keine Beispiele aus der Geschichte der Literatur, beziehungsweise aus den eigenen Geständnissen der Dichter, beizubringen.

110 Unzweifelhaft sage ich auch nichts Neues, wenn ich von der anderen Gattung von Kunstwerken spreche, die mehr oder weniger als Ganzes und Fertiges dem Autor in die Feder fließen, die voll gerüstet, wie Pallas Athene dem Haupte des Zeus entsprang, das Licht der Welt erblicken. Diese Werke drängen sich dem Autor förmlich auf, seine Hand ist gewissermaßen ergriffen, seine Feder schreibt Dinge, deren sein Geist mit Erstaunen gewahr wird. Das Werk bringt seine Form mit; was er dazu tun möchte, wird abgelehnt, was er nicht annehmen will, wird ihm aufgezwungen. Während sein Bewußtsein fassungslos und leer vor dem Phänomen steht, wird er überschüttet mit einer Flut von Gedanken und Bildern, die seine Absicht nie geschaffen hat und die sein Wille niemals hätte hervorbringen wollen. Selbst widerwillig, muß er doch erkennen, daß in all dem sein Selbst aus ihm spricht, daß seine innerste Natur sich selbst offenbart und laut verkündet, was er seiner Zunge nie anvertraut hätte. Er kann nur gehorchen und dem anscheinend fremden Impulse folgen, fühlend, daß sein Werk größer ist als er und darum eine Gewalt über ihn hat, der er nichts vorschreiben kann. Er ist nicht identisch mit dem Prozeß der schöpferischen Gestaltung; er ist sich dessen bewußt, daß er unterhalb seines Werkes steht oder zum mindesten daneben, gleichsam wie eine zweite Person, die in den Bannkreis eines fremden Willens geraten ist.

111 Wenn wir von der Psychologie des Kunstwerkes sprechen, so müssen wir vor allen Dingen diese zwei gänzlich verschiedenen Möglichkeiten der Entstehung eines Werkes im Auge behalten, denn vieles, was für die psychologische Beurteilung von größtem Belang ist, hängt von dieser Unterscheidung ab. Dieser Gegensatz wurde schon von SCHILLER empfunden; er versuchte, wie bekannt, ihn unter dem Begriff des *Sentimentalischen* und *Naiven* zu fassen. Die Wahl seines Ausdruckes rührt wohl von der Tatsache her, daß er hauptsächlich die poetische Tätigkeit im Auge hatte. Psychologisch bezeichnen wir erstere Art als *introvertiert* und letztere als *extravertiert*. Die introvertierte Einstellung ist charakte-

risiert durch die Behauptung des Subjekts und seiner bewußten Absichten und Zwecke gegenüber den Anforderungen des Objektes, die extravertierte Einstellung dagegen ist gekennzeichnet durch eine Unterordnung des Subjekts unter die Ansprüche des Objektes. SCHILLERS Dramen geben meines Erachtens einen guten Begriff der introvertierten Einstellung zum Stoff, ebenso die meisten seiner Gedichte. Der Stoff ist bewältigt durch die Absicht des Dichters. Zu der entgegengesetzten Einstellung gibt uns *«Faust»*, 2. Teil, eine gute Illustration. Hier zeichnet sich der Stoff durch hartnäckige Widersetzlichkeit aus. Ein noch treffenderes Beispiel hingegen dürfte NIETZSCHES *«Zarathustra»* sein, wo der Autor selber es ausgesprochen hat, daß «Eins zu Zwei» wurde.

Man wird vielleicht schon aus meiner Darstellungsweise empfunden 112
haben, was für eine Verschiebung des psychologischen Standpunktes stattgefunden hat, als ich mich anschickte, nicht mehr vom Dichter als Person, sondern vom schöpferischen Prozeß zu reden. Der Akzent des Interesses hat sich auf letzteren verlegt, während ersterer gewissermaßen nur noch als reagierendes Objekt in Betracht kommt. Wo das Bewußtsein des Autors nicht mehr identisch ist mit dem schöpferischen Prozeß, ist dies ohne weiteres klar; im zuerst beprochenen Falle aber scheint zunächst das Gegenteil der Fall zu sein: der Autor ist scheinbar der Schöpfer selbst, aus freien Stücken und ohne den geringsten Zwang. Er ist vielleicht selber von seiner Freiheit überzeugt und wird es auch nicht zugeben wollen, daß seine Schöpfung nicht zugleich auch sein Wille sei, ausschließlich aus diesem und seinem Können abstammend.

Hier stoßen wir nun auf eine Frage, die wir aus dem, was uns die 113
Dichter selber über die Art ihres Schaffens sagen, wohl nicht beantworten können; denn dies ist ein Problem wissenschaftlicher Natur, auf das uns einzig die Psychologie antworten kann. Es könnte nämlich, wie ich übrigens bereits leise angedeutet habe, der Fall sein, daß auch derjenige Dichter, der scheinbar bewußt und mit freier Verfügung aus sich selber schafft und das erschafft, was er will: daß dieser Dichter trotz seiner Bewußtheit doch dermaßen vom schöpferischen Impuls ergriffen ist, daß er sich eines Anderswollens überhaupt nicht mehr entsinnen kann; so wenig wie der andere Typus seinen eigenen Willen in der anscheinend fremden Inspiration unmittelbar fühlen kann, obschon darin sein Selbst vernehmlich zu ihm spricht. Damit wäre seine Überzeugung von der unbedingten Freiheit seines Schöpfens eine Illusion seines Bewußt-

seins: er glaubt zu schwimmen, während eine unsichtbare Strömung ihn vorwärts trägt.

114 Dieser Zweifel ist nun keineswegs aus der Luft gegriffen, sondern er entspringt den Erfahrungen der analytischen Psychologie, deren Erforschung des Unbewußten eine Menge von Möglichkeiten aufgedeckt hat, wie das Bewußtsein vom Unbewußten nicht nur beeinflußt, sondern sogar geführt werden kann. Der Zweifel ist daher berechtigt. Doch woher beziehen wir die Beweise für die mögliche Annahme, daß auch ein bewußter Dichter von seinem Werk gefangen genommen sein kann? Die Beweise können direkter oder indirekter Natur sein. Direkte Beweise wären Fälle, wo der Dichter in dem, was er zu sagen vermeint, mehr oder weniger offenkundig mehr sagt, als er selber merkt. Diese Fälle sind nicht allzu selten. Indirekte Beweise wären Fälle, wo hinter der scheinbaren Freiwilligkeit der Produktion ein höheres «Muß» steht, das sofort seine Forderung gebieterisch kundtäte, wenn ein willkürlicher Verzicht auf die schöpferische Tätigkeit stattfände, oder wo unmittelbar schwere psychische Komplikationen eintreten, wenn eine unwillkürliche Unterbrechung der Produktion sich ereignete.

115 Die praktische Analyse von Künstlern zeigt immer wieder aufs neue, wie stark der aus dem Unbewußten quellende Trieb künstlerischen Schaffens ist, und ebenso, wie launisch und eigenmächtig er ist. Wie viele Biographien großer Künstler haben es nicht schon längst bewiesen, daß ihr Schöpferdrang so groß war, daß er sogar alles Menschliche an sich riß und in den Dienst des Werkes stellte, selbst auf Kosten der Gesundheit und des gewöhnlichen Menschenglückes! Das ungeborene Werk in der Seele des Künstlers ist eine Naturkraft, die entweder mit tyrannischer Gewalt oder mit jener subtilen List des Naturzweckes sich durchsetzt, unbekümmert um das persönliche Wohl und Wehe des Menschen, welcher der Träger des Schöpferischen ist. Das Schöpferische lebt und wächst im Menschen wie ein Baum im Boden, dem er seine Nahrung abzwingt. Wir tun daher gut daran, den schöpferischen Gestaltungsprozeß wie ein lebendiges Wesen anzusehen, das der Seele des Menschen eingepflanzt ist. Die analytische Psychologie nennt dies einen *autonomen Komplex,* der als abgetrennte Teilseele ein selbständiges, der Hierarchie des Bewußtseins entzogenes psychisches Leben führt und entsprechend seinem energetischen Wert, seiner Kraft, entweder nur als Störung der willkürlich gerichteten Bewußtseinsprozesse

erscheint oder als übergeordnete Instanz das Ich sogar in seinen Dienst nehmen kann. Dementsprechend wäre jener Dichter, der mit dem schöpferischen Prozeß sich identifiziert, einer, der von vornherein ja sagt, wenn ein unbewußtes «Muß» droht. Jener andere aber, dem das Schöpferische als eine beinah fremde Gewalt gegenübertritt, ist einer, der aus irgendwelchen Gründen nicht ja sagen kann und deshalb vom «Muß» überrascht wird.

Man sollte erwarten, daß die Verschiedenartigkeit seiner Entstehung einem Werke auch anzufühlen sei. Im einen Falle handelt es sich ja um eine absichtliche, vom Bewußtsein begleitete und gerichtete Produktion, welche mit Überlegung zu beabsichtigter Form und Wirkung aufgebaut wird. Im anderen Fall handelt es sich aber um ein aus unbewußter Natur entspringendes Geschehen, das sich ohne das Dazutun des menschlichen Bewußtseins, sogar gelegentlich gegen dasselbe, durchsetzt und sich seine Form und Wirkung eigenwillig erzwingt. Man müßte also in jenem Falle erwarten, daß das Werk nirgends die Grenzen des bewußten Verständnisses überschreite, daß es sich gewissermaßen innerhalb des Rahmens der Absicht erschöpfe und in keinerlei Weise mehr sage, als was vom Autor hineingelegt wurde. In diesem Falle müßte man sich auf etwas Überpersönliches gefaßt machen, das die Reichweite bewußten Verständnisses um ebensoviel überschreitet, als das Bewußtsein des Autors von der Entwicklung seines Werkes entfernt ist. Man dürfte Fremdartigkeit von Bild und Form erwarten, Gedanken, die nur ahnungsweise zu erfassen wären, eine bedeutungsschwangere Sprache, deren Ausdrücke den Wert echter Symbole hätten, weil sie bestmöglich noch Unbekanntes ausdrücken und Brücken sind, zu einem unsichtbaren Ufer hinübergeschlagen. 116

Diese Kriterien sind im ganzen und großen auch zutreffend. Wo es sich immer um ein anerkannt beabsichtigtes Werk über einen bewußt gewählten Stoff handelt, dürften die zuerst genannten Eigenschaften stimmen, ebenso in letzterem Falle. Das uns bereits geläufige Beispiel von SCHILLERS Dramen einerseits und *«Faust»*, 2. Teil, andererseits, oder noch besser *«Zarathustra»*, dürfte das Gesagte illustrieren. Ich möchte mich aber nicht ohne weiteres anheischig machen, das Werk eines unbekannten Dichters unmittelbar dieser oder jener Klasse zuzuteilen, ohne vorher einigermaßen gründlich das persönliche Verhältnis des Dichters zu seinem Werke untersucht zu haben. Es genügt sogar nicht 117 einmal, zu wissen, ob ein Dichter zum introvertierten oder extravertierten Typus gehört, denn beide Typen haben die Möglichkeit, das eine Mal in extravertierter und das andere Mal in introvertierter Einstellung zu produzieren. Bei SCHILLER sehen wir dies besonders im Unterschied zwischen seiner poetischen und seiner philosophischen Produktion, bei GOETHE im Unterschied zwischen seinen formvollendeten Dichtungen und seinem Kampf um die Gestaltung der Inhalte des zweiten Teiles, bei NIETZSCHE im Unterschied zwischen seinen Aphorismen und dem zusammenhängenden Strom des «*Zarathustra*». Der selbe Dichter kann zu verschiedenen seiner Werke verschiedene Einstellungen haben, und es müßte vom jeweiligen Verhältnis abhängig gemacht werden, welche Art von Maßstab anzulegen wäre.

118 Diese Frage ist, wie man sieht, unendlich kompliziert. Aber die Komplikation erhöht sich noch, wenn wir das vorher besprochene Räsonnement über den Fall des mit dem Schöpferischen identischen Dichters mit in den Kreis unserer Betrachtungen ziehen. Sollte es so sein, daß auch die bewußte und absichtsvolle Produktionsweise in ihrer scheinbaren Absichtlichkeit und Bewußtheit bloß eine subjektive Illusion des Dichters wäre, so hätte auch sein Werk jene symbolischen, ins Unbestimmte reichenden und das zeitgenössische Bewußtsein übersteigenden Eigenschaften. Sie wären nur versteckter, weil auch der Leser nicht über die durch den Zeitgeist festgelegten Grenzen des Bewußtseins des Autors hinausreichte. Denn auch er bewegt sich innerhalb der Grenzen des zeitgenössischen Bewußtseins und hätte keinerlei Möglichkeit, sich eines archimedischen Punktes außerhalb seiner Welt zu bemächtigen, mittels dessen er imstande wäre, sein zeitgenössisches Bewußtsein aus den Angeln zu heben, mit anderen Worten: in einem Werke dieser Art das Symbol zu erkennen. Symbol aber würde heißen: Möglichkeit und Andeutung eines noch weiteren, höheren Sinnes jenseits unseres derzeitigen Fassungsvermögens.

119 Diese Frage ist, wie gesagt, delikat. Ich werfe sie eigentlich bloß auf, um durch meine Typisierung die Bedeutungsmöglichkeit des Kunstwerkes nicht einzuschnüren, auch wenn es anscheinend nichts anderes sein oder sagen will, als was es offenkundig ist und sagt. Wir haben aber öfters erlebt, daß man einen Dichter plötzlich wieder entdeckt. Dies geschieht dann, wenn unsere Bewußtseinsentwicklung eine höhere Stufe erklommen hat, von der aus betrachtet der alte Dichter uns etwas Neues

sagt. Es lag zuvor schon in seinem Werk, war aber ein verstecktes Symbol, welches zu lesen uns nur durch eine Erneuerung des Zeitgeistes verstattet ist. Es bedurfte anderer, neuer Augen, denn die alten konnten darin nur sehen, was sie zu sehen gewohnt waren. Dergleichen Erfahrungen müssen uns wohl vorsichtig stimmen, denn sie geben meiner vorhin entwickelten Ansicht recht. Das zugegebenermaßen symbolische Werk bedarf dieser Subtilität nicht, es ruft uns schon durch seine ahnungsreiche Sprache zu: Ich bin im Begriffe, mehr zu sagen, als was ich tatsächlich sage; ich «meine» über mich hinaus. Hier können wir die Hand auf das Symbol legen, auch wenn uns eine befriedigende Enträtselung nicht gelingt. Das Symbol bleibt ein ständiger Vorwurf unseres Nachdenkens und Nachfühlens. Daher rührt auch wohl die Tatsache, daß das symbolische Werk mehr anregt, sozusagen weiter bohrt in uns und uns deshalb selten zu einem ganz reinen ästhetischen Genuß gelangen läßt, während das manifest nicht symbolische Werk viel reiner zum ästhetischen Empfinden spricht, weil es uns den harmonischen Anblick der Vollendung gestattet.

Was aber hat nun, so wird man fragen, die analytische Psychologie 120
zum Kernproblem des künstlerischen Schaffens, zum Geheimnis des Schöpferischen beizubringen? Alles, wovon wir bisher sprachen, ist doch wohl nichts als psychische Phänomenologie. Da «ins Inn're der Natur kein erschaffner Geist» eindringt, so werden wir auch von unserer Psychologie nicht das Unmögliche erwarten, nämlich eine gültige Erklärung des großen Lebensgeheimnisses, das wir im Schöpferischen unmittelbar fühlen. Wie jede Wissenschaft, so hat auch die Psychologie nur einen bescheidenen Beitrag zur besseren und tieferen Kenntnis der Lebensphänomene bereit, aber sie ist ebensoweit vom absoluten Wissen entfernt wie ihre Schwestern.

Wir sprachen soviel von *Sinn und Bedeutung des Kunstwerkes,* daß 121
man den prinzipiellen Zweifel, ob die Kunst wirklich «bedeute», kaum unterdrücken kann. Vielleicht «bedeutet» die Kunst gar nicht, hat gar keinen «Sinn», wenigstens nicht so, wie wir hier von Sinn sprechen. Vielleicht ist sie wie Natur, die einfach *ist* und nicht «bedeutet». Ist «Bedeutung» notwendigerweise mehr als bloße *Deutung,* «hineingeheimnißt» durch das Bedürfnis eines sinnhungrigen Intellektes? Kunst – könnte man sagen – ist Schönheit, und darin erfüllt und genügt sie sich selbst. Sie braucht keinen Sinn. Die Frage nach dem Sinn hat

mit der Kunst nichts zu schaffen. Wenn ich mich innerhalb der Kunst stelle, so muß ich mich wohl der Wahrheit dieses Satzes unterwerfen. Wenn wir aber von dem Verhältnis der Psychologie zum Kunstwerk sprechen, so stehen wir schon außerhalb der Kunst, und dann können wir nicht anders, wir müssen spekulieren, wir müssen deuten, damit die Dinge Bedeutung bekommen, sonst können wir ja doch gar nicht darüber denken. Wir müssen das in sich selbst sich erfüllende Leben und Geschehen in Bilder, in Sinne, in Begriffe auflösen, wissentlich dabei vom lebendigen Geheimnis uns entfernend. Solange wir im Schöpferischen selbst befangen sind, sehen und erkennen wir nicht, wir dürfen sogar nicht einmal erkennen, denn nichts ist dem unmittelbaren Erleben schädlicher und gefährlicher als die Erkenntnis. Zum Erkennen aber müssen wir uns außerhalb des schöpferischen Prozesses begeben und ihn von außen ansehen, und dann erst wird er zum Bilde, welches Bedeutungen ausspricht. Dann dürfen wir nicht nur, sondern müssen sogar von Sinn sprechen. Und damit wird das, was reines Phänomen zuvor war, zu etwas, das im Zusammenhang mit anderen Phänomenen etwas bedeutet, etwas, das eine bestimmte Rolle spielt, gewissen Zwecken dient, sinnvolle Wirkungen ausübt. Und wenn wir das alles sehen können, so haben wir das Gefühl, etwas erkannt und erklärt zu haben. Damit ist das Bedürfnis der Wissenschaft wahrgenommen.

122 Als wir im Vorangegangenen vom Kunstwerk sprachen als von einem Baum, der aus der nährenden Erde wächst, so hätten wir wohl ebensogut den geläufigeren Vergleich mit dem Kind im Mutterleibe verwenden können. Da aber alle Vergleiche hinken, so wollen wir uns statt Metaphern lieber der präziseren, wissenschaftlichen Terminologie bedienen. Ich erinnere daran, daß ich das in statu nascendi befindliche Werk als einen autonomen Komplex bezeichnet habe. Mit diesem Begriff bezeichnet man schlechthin alle psychischen Bildungen, die zunächst ganz unbewußt sich entwickeln und erst von dem Moment an, wo sie den Schwellenwert des Bewußtseins erreichen, auch ins Bewußtsein durchbrechen. Die Assoziation, die sie dann mit dem Bewußtsein eingehen, hat nicht die Bedeutung einer Assimilation, sondern einer Perzeption, womit ausgedrückt ist, daß der autonome Komplex zwar wahrgenommen wird, aber nicht der bewußten Kontrolle, weder der Hemmung noch der willkürlichen Reproduktion, unterworfen werden kann. Darin eben erweist sich der Komplex als autonom, daß er dann und in

solcher Art auftritt oder verschwindet, wie es seiner ihm innewohnenden Tendenz entspricht; er ist unabhängig von der Willkür des Bewußtseins. Diese Eigentümlichkeit hat auch der schöpferische Komplex mit allen andern autonomen Komplexen gemeinsam. Und eben hier kommt nun auch die Möglichkeit einer Analogie mit krankhaften seelischen Vorgängen herein, denn gerade diese letzteren sind durch das Auftreten autonomer Komplexe gekennzeichnet, darunter am allermeisten die Geistesstörungen. Die göttliche Raserei des Künstlers hat eine gefährlich reale Beziehung zum Krankhaften, ohne mit diesem identisch zu sein. Die Analogie besteht im Vorhandensein eines autonomen Komplexes. Die Tatsache eines solchen Vorhandenseins beweist aber an und für sich noch nichts Krankhaftes, denn auch normale Menschen sind zeitweise oder dauernd unter der Herrschaft autonomer Komplexe. Diese Tatsache gehört einfach zu den normalen Eigentümlichkeiten der Psyche, und es gehört schon ein höheres Maß an Unbewußtheit dazu, wenn einer sich der Existenz eines autonomen Komplexes nicht bewußt sein sollte. So hat zum Beispiel jede einigermaßen differenzierte typische Einstellung die Tendenz, zu einem autonomen Komplex zu werden, und in den meisten Fällen wird sie es auch. Auch jeder Trieb hat mehr oder weniger die Eigenschaft des autonomen Komplexes. Der autonome Komplex ist daher an und für sich nichts Krankhaftes, nur sein gehäuftes und störendes Auftreten beweist Leiden und Krankheit.

Wie entsteht nun ein autonomer Komplex? Aus irgendwelchem An- 123
laß – dessen nähere Untersuchung uns hier viel zu weit führen würde – wird eine bisher unbewußte Region der Psyche in Tätigkeit versetzt; durch die Belebung entwickelt sie sich und vergrößert sich durch Einbeziehung verwandter Assoziationen. Die Energie, die hierfür gebraucht wird, wird natürlich dem Bewußtsein entzogen, wenn letzteres es nicht vorzieht, sich selber mit dem Komplex zu identifizieren. Ist dies nicht der Fall, so entsteht das, was JANET als «abaissement du niveau mental» bezeichnet hat. Die Intensität bewußter Interessen und Tätigkeiten schwindet allmählich, wodurch entweder eine apathische Inaktivität – ein bei Künstlern so häufiger Zustand – oder eine regressive Entwicklung der bewußten Funktionen entsteht, das heißt ein Heruntersteigen derselben auf ihre infantilen und archaischen Vorstufen, also etwas wie eine Degeneration. Die «parties inférieures des fonctions» drängen sich vor: das Triebhafte gegenüber dem Ethischen, das Naiv-Infantile ge-

genüber dem Überlegten, Erwachsenen, die Unangepaßtheit gegenüber der Anpassung. Auch das kennen wir aus dem Leben vieler Künstler. Aus dieser der bewußten Persönlichkeitsführung entzogenen Energie wächst der autonome Komplex.

124 Woraus aber besteht der autonome schöpferische Komplex? Das kann man zunächst überhaupt nicht wissen, solange das vollendete Werk uns nicht einen Einblick in seine Grundlagen eröffnet. Das Werk gibt uns ein ausgearbeitetes *Bild* im weitesten Sinne. Dieses Bild ist der Analyse zugänglich, insofern wir es als *Symbol* erkennen können. Insofern wir aber keinen Symbolwert darin zu entdecken vermögen, haben wir damit festgestellt, daß es, für uns wenigstens, nicht mehr meint als es offenkundigerweise sagt, oder mit andern Worten: daß es für uns nicht mehr ist als das, was es scheint. Ich sage «scheint» – denn möglicherweise erlaubt unsere Befangenheit keine weiteren Ahnungen. Jedenfalls aber finden wir in diesem letzteren Fall keinen Anlaß und keinen Angriffspunkt für eine Analyse. Im ersteren Falle aber werden wir, wie eines Grundsatzes, eines Wortes von GERHART HAUPTMANN uns erinnern: «Dichten heißt, hinter Worten das Urwort erklingen lassen.» In psychologische Sprache übersetzt, würde unsere erste Frage lauten: Auf welches urtümliche Bild des kollektiven Unbewußten kann das im Kunstwerk entwickelte Bild zurückgeführt werden?

125 Diese Frage bedarf der Erklärung in mehrfacher Hinsicht. Ich habe hier, wie schon gesagt, den Fall eines symbolischen Kunstwerkes angenommen und überdies eines, dessen Quelle nicht im *persönlichen Unbewußten des Autors* zu suchen ist, sondern in jener Sphäre unbewußter Mythologie, deren urtümliche Bilder Gemeingut der Menschheit sind. Ich habe deshalb diese Sphäre als das *kollektive Unbewußte* bezeichnet und damit unterschieden von einem persönlichen Unbewußten, als welches ich die Totalität jener psychischen Vorgänge und Inhalte bezeichne, die an sich bewußtseinsfähig wären, des öftern es auch schon waren, aber infolge ihrer Inkompatibilität der Verdrängung unterliegen und somit künstlich unter der Schwelle des Bewußtseins gehalten werden. Auch aus dieser Sphäre fließen der Kunst Quellen zu, aber trübe, welche, wenn überwiegend, das Kunstwerk nicht zu einem symbolischen, sondern zu einem *symptomatischen* machen. Diese Art von Kunst dürfen wir wahrscheinlich ohne Schaden und ohne Reue der FREUDschen Purgiermethode überlassen.

Im Gegensatz zum persönlichen Unbewußten, das gewissermaßen eine relativ oberflächliche Schicht gleich unter der Schwelle des Bewußtseins ist, hat das kollektive Unbewußte unter normalen Bedingungen keine Bewußtseinsfähigkeit, kann darum auch mit keiner analytischen Technik zur Wiedererinnerung gebracht werden, denn es ist nicht verdrängt und nicht vergessen. An und für sich existiert das kollektive Unbewußte auch gar nicht, indem es nämlich nichts ist als eine Möglichkeit, jene Möglichkeit nämlich, die uns seit Urzeiten in der bestimmten Form der mnemischen Bilder oder, anatomisch ausgedrückt, in der Gehirnstruktur vererbt ist. Es gibt keine angeborenen Vorstellungen, wohl aber angeborene Möglichkeiten von Vorstellungen, welche auch der kühnsten Phantasie bestimmte Grenzen setzen, sozusagen Kategorien der Phantasietätigkeit, gewissermaßen Ideen a priori, deren Existenz ohne die Erfahrung aber nicht ausgemacht werden kann. *Sie erscheinen nur im gestalteten Stoffe als regulative Prinzipien seiner Gestaltung,* das heißt nur durch Rückschluß aus dem vollendeten Kunstwerk vermögen wir die primitive Vorlage des urtümlichen Bildes zu rekonstruieren. 126

Das urtümliche Bild oder der Archetypus ist eine Figur, sei sie Dämon, Mensch oder Vorgang, die sich im Laufe der Geschichte da wiederholt, wo sich schöpferische Phantasie frei betätigt. Es ist daher in erster Linie mythologische Figur. Untersuchen wir diese Bilder des näheren, so entdecken wir, daß sie gewissermaßen die formulierte Resultante unzähliger typischer Erfahrungen der Ahnenreihe sind. Sie sind gewissermaßen die psychischen Residuen unzähliger Erlebnisse desselben Typus. Sie schildern Millionen individueller Erfahrungen im Durchschnitt und geben dergestalt ein Bild des psychischen Lebens, zerteilt und projiziert in die vielfachen Gestalten des mythologischen Pandämoniums. Aber auch die mythologischen Gestalten sind für sich selbst schon Elaborate schöpferischer Phantasie, und sie harren noch ihrer Übersetzung in eine begriffliche Sprache, wovon erst mühsame Anfänge existieren. Die zum größten Teil noch zu schaffenden Begriffe könnten uns eine abstrakte, wissenschaftliche Erkenntnis der unbewußten Prozesse vermitteln, welche die Wurzeln der urtümlichen Bilder sind. In jedem dieser Bilder ist ein Stück menschlicher Psychologie und menschlichen Schicksals eingeschlossen, ein Stück Leid und Lust, das in der Ahnenreihe sich ungezählte Male ereignet hat und durchschnittlich 127 auch immer denselben Ablauf nahm. Es ist wie ein der Seele tief eingegrabenes Strömungsbett, wo das Leben, das vorher unsicher tastend sich über weite, aber seichte Oberflächen verbreitete, plötzlich mächtig in Fluß gerät, wenn es jene besondere Verkettung von Umständen erreicht, die seit jeher zum Zustandekommen des Urbildes beigetragen haben.

128 Der Moment, wo die mythologische Situation eintritt, ist immer gekennzeichnet durch eine besondere emotionale Intensität; es ist, wie wenn Saiten in uns berührt würden, die sonst nie klangen, oder Gewalten entfesselt würden, von deren Dasein wir nichts ahnten. Der Anpassungskampf ist eine mühsame Sache, da wir uns beständig mit individuellen, das heißt atypischen Bedingungen auseinanderzusetzen haben. Es ist aber kein Wunder, daß wir dann, wenn wir eine typische Situation erreichen, plötzlich entweder eine ganz besondere Befreiung verspüren, uns wie getragen fühlen, oder daß es uns ergreift wie eine übermächtige Gewalt. Wir sind in solchen Momenten nicht mehr Einzelwesen, sondern Gattung, die Stimme der ganzen Menschheit erhebt sich in uns. Daher ist auch der Vereinzelte wenig imstande, seine Kräfte in vollem Maße zu nützen, es sei denn, daß eine dieser Kollektivvorstellungen, die man Ideale nennt, ihm zu Hilfe kommt und alle jene Instinktkräfte in ihm entfesselt, deren Zugang der gewöhnliche bewußte Wille allein niemals finden kann. Die wirksamsten der Ideale sind immer mehr oder weniger durchsichtige Varianten eines Archetypus, was man leicht daran erkennen kann, daß solche Ideale gerne allegorisiert werden, zum Beispiel das Vaterland als Mutter, wobei der Allegorie allerdings nicht die geringste Motivkraft zukommt, welche nämlich dem Symbolwerte der Vaterlandsidee entstammt. Der Archetypus nämlich ist die sogenannte participation mystique des Primitiven mit dem Boden, den er bewohnt und der nur seine Ahnengeister enthält. Fremde ist Elend.

129 Jede Beziehung auf den Archetypus, sei sie erlebt oder bloß gesagt, ist «rührend», das heißt sie wirkt; denn sie löst eine stärkere Stimme in uns aus als die unsrige. Wer mit Urbildern spricht, spricht wie mit tausend Stimmen, er ergreift und überwältigt, zugleich erhebt er das, was er bezeichnet, aus dem Einmaligen und Vergänglichen in die Sphäre des immer Seienden, er erhöht das persönliche Schicksal zum Schicksal der Menschheit, und dadurch löst er auch in uns alle jene hilfreichen Kräfte, die es der Menschheit je und je ermöglicht

haben, sich aus aller Fährnis zu retten und auch die längste Nacht zu überdauern.

Das ist das Geheimnis der Kunstwirkung. Der schöpferische Prozeß, soweit wir ihn überhaupt zu verfolgen vermögen, besteht in einer unbewußten Belebung des Archetypus und in einer Entwicklung und Ausgestaltung desselben bis zum vollendeten Werk. Die Gestaltung des urtümlichen Bildes ist gewissermaßen eine Übersetzung in die Sprache der Gegenwart, wodurch es sozusagen jedem ermöglicht wird, wieder den Zugang zu den tiefsten Quellen des Lebens zu finden, die ihm sonst verschüttet wären. Darin liegt die soziale Bedeutsamkeit der Kunst: sie arbeitet stets an der Erziehung des Zeitgeistes, denn sie führt jene Gestalten herauf, die dem Zeitgeist am meisten mangelten. Aus der Unbefriedigung der Gegenwart zieht sich die Sehnsucht des Künstlers zurück, bis sie jenes Urbild im Unbewußten erreicht hat, welches geeignet ist, die Mangelhaftigkeit und Einseitigkeit des Zeitgeistes am wirksamsten zu kompensieren. Dieses Bild ergreift sie, und indem sie es aus tiefster Unbewußtheit emporzieht und dem Bewußtsein annähert, verändert es auch seine Gestalt, bis es vom Menschen der Gegenwart nach seinem Fassungsvermögen aufgenommen werden kann. Die Art des Kunstwerkes gestattet uns einen Rückschluß auf den Charakter des Zeitalters, in dem es entstanden ist. Was bedeutet der Realismus und Naturalismus für sein Zeitalter? Was die Romantik? Was der Hellenismus? Es sind Richtungen der Kunst, die das heraufbrachten, was der jeweiligen geistigen Atmosphäre am meisten nottat. Der Künstler als Erzieher seines Zeitalters betrachtet – davon könnte man heutzutage noch des längeren reden. 130

Wie die einzelnen Individuen, so haben auch Völker und Zeiten ihre eigentümlichen Geistesrichtungen oder Einstellungen. Schon das Wort *Einstellung* verrät die notwendige Einseitigkeit, die mit jeder bestimmten Richtung gegeben ist. Wo Richtung ist, ist Ausschließung. Ausschließung aber heißt, daß so und so viel Psychisches, das mitleben könnte, nicht mitleben darf, weil es der allgemeinen Einstellung nicht entspricht. Der normale Mensch kann die allgemeine Richtung ohne Schaden ertragen; der Mensch der Seiten- und Umwege, der nicht, wie der Normale, auf breiten Heerstraßen gehen kann, wird es daher sein, der am ehesten das entdecken wird, was abseits der großen Straße liegt und aufs Mitleben harrt. Die relative Unangepaßtheit des Künstlers ist 131 sein wahrer Vorteil, sie ermöglicht es ihm, der großen Straße fernzubleiben, seiner eigenen Sehnsucht nachzugehen und das zu finden, was die anderen entbehrten, ohne es zu wissen. So, wie im einzelnen Individuum die Einseitigkeit seiner bewußten Einstellung durch unbewußte Reaktionen auf dem Wege der Selbstregulierung korrigiert wird, so stellt die Kunst einen Prozeß der geistigen Selbstregulierung im Leben der Nationen und Zeiten dar.

132 Ich bin mir der Tatsache bewußt, daß ich im Rahmen eines Vortrages nur Anschauungen geben konnte, und auch diese nur in gedrängter Skizzierung. Ich darf aber vielleicht hoffen, daß man all das, was ich nicht sagen konnte, nämlich die konkrete Anwendung auf das dichterische Kunstwerk, bereits mitgedacht und damit meinen abstrakten Gedankenhüllen Fleisch und Blut verliehen hat.

VII
PSYCHOLOGIE UND DICHTUNG[1]

VORREDE

Psychologie, die früher ein bescheidenes Leben in einem höchst akademisch ausgestatteten Hinterstübchen führte, hat sich in Erfüllung der NIETZSCHEschen Prophezeiung im Laufe der letzten Jahrzehnte zu einem Gegenstand des öffentlichen Interesses entwickelt, der den von den Universitäten dafür gesetzten Rahmen gesprengt hat. In der Form der Psychotechnik spricht sie in den Industriebetrieb hinein, in Form der Psychotherapie ergreift sie weite Gebiete der Medizin, in Form der Philosophie führt sie die SCHOPENHAUERsche und HARTMANNsche Erbschaft weiter, sie hat BACHOFEN und CARUS recht eigentlich wieder entdeckt, durch sie haben die Mythologie und die Psychologie der Primitiven ein ganz neues Interesse gewonnen, sie wird die vergleichende Religionswissenschaft revolutionieren, und nicht wenige Theologen wollen ihr sogar den Zugang zur Seelsorge eröffnen. Sollte NIETZSCHE mit seinem «scientia ancilla psychologiae» am Ende recht behalten?

Heute besteht dieses Vordringen und Übergreifen der Psychologie allerdings noch in einem Durcheinanderwogen chaotischer Strömungen, die ihre Unabgeklärtheit durch um so lautere Standpunktsverkündigung und Dogmatisierung zu verdecken suchen. Einseitig genug sind auch die Versuche, alle diese verschiedenen Wissens- und Lebensgebiete psychologisch zu erschließen. Einseitigkeit und Prinzipienstarrheit sind aber die Kinderfehler jeder jungen Wissenschaft, welche ihre Pionierarbeit mit einigen wenigen Ideenwerkzeugen verrichten muß. Bei aller Tole-

[1] [Erstmals erschienen in: EMIL ERMATINGER, *Philosophie der Literaturwissenschaft.* Berlin 1930. Leicht überarbeitet, mit einigen Änderungen und Zusätzen in: C. G. JUNG, *Gestaltungen des Unbewußten* (vgl. Bibliographie). Das Manuskript einer Vorrede wurde im Nachlaß gefunden und wird hier erstmals veröffentlicht. Der Wortlaut deutet darauf hin, daß es sich um einen Vortrag handelt, doch ist hierüber nichts Näheres bekannt.]

ranz und Einsicht in die Notwendigkeit von vielerlei Lehrmeinungen, wurde ich bisher doch nicht müde zu betonen, daß gerade im Gebiete der Psychologie Einseitigkeit und Dogmatismus die schwersten Gefahren in sich schließen. Der Psychologe sollte sich stets vor Augen halten, daß seine Hypothese zunächst der Ausdruck seiner eigenen, subjektiven Voraussetzung ist und deshalb nie ohne weiteres Anspruch auf allgemeine Gültigkeit erheben darf. Was der einzelne auf dem weiten Felde der seelischen Möglichkeiten an Erklärung beizutragen hat, ist zunächst bloß ein *Gesichtspunkt,* und es hieße dem Objekt die schlimmste Gewalt antun, wollte man diesen einen Gesichtspunkt auch nur anspruchsweise zu einer allgemein verbindlichen Wahrheit machen. So ungeheuer farbenreich, vielgestaltig und vieldeutig ist in der Tat die seelische Erscheinung, daß wir ihre Fülle unmöglich in *einem* Spiegel auffangen können. Auch vermögen wir in unserer Darstellung niemals das *Ganze* zu umfassen, sondern wir haben uns damit zu begnügen, jeweils nur einzelne Teile der Gesamterscheinung zu beleuchten.

Da es nun die Eigentümlichkeit der Seele ist, nicht nur Mutter und Ursprungsort aller menschlichen Tätigkeit zu sein, sondern sich auch in allen Geistesformen und Tätigkeiten auszudrücken, so können wir auch nirgends das Wesen der Seele an und für sich, sondern eben nur in ihren mannigfachen Erscheinungsformen antreffen und begreifen. Weshalb der Psychologe sich gezwungen sieht, sich mit mancherlei Gebieten vertraut zu machen und zu diesem Zwecke seine sicher ummauerte Spezialistenburg zu verlassen, gewiß nicht aus Anmaßung und Fürwitz, sondern aus Liebe zur Erkenntnis, auf der Suche nach der Wahrheit. Es will ihm nämlich nicht gelingen, die Seele in die Enge des Laboratoriums oder des ärztlichen Sprechzimmers zu bannen, sondern er muß ihr auf allen jenen, ihm vielleicht sogar fremden Gebieten nachspüren, wo immer sie sich sichtbarlich betätigt.

So kommt es, daß ich, ungeachtet der Tatsache, daß ich als Fachmann Arzt bin, heute als Psychologe zu Ihnen über die dichterische Einbildungskraft spreche, obschon diese das eigenste Gebiet der Literaturwissenschaft und der Ästhetik ausmacht. Auf der anderen Seite ist sie aber auch psychische Erscheinung, als welche sie vom Psychologen deshalb wohl in Betracht gezogen werden muß. Damit greife ich weder dem Literaturhistoriker noch dem Ästhetiker vor, denn nichts läge mir ferner, als diese anderen Gesichtspunkte durch den psychologischen ersetzen zu wollen. Ich würde mich ja damit gerade jener Sünde der Einseitigkeit, die ich eben gerügt habe, schuldig machen. Auch werde ich mich nicht vermessen, Ihnen eine völlige Theorie des dichterischen Kunstschaffens vorlegen zu wollen, denn solches wäre mir gar nicht möglich. Meine Ausführungen sollen nichts anderes bedeuten als Gesichtspunkte, nach denen sich eine psychologische Betrachtung der dichterischen Erscheinung im allgemeinen richten könnte.

EINLEITUNG

Es ist ohne weiteres klar, daß die Psychologie – als Wissenschaft der 133
seelischen Vorgänge – mit der Literaturwissenschaft in Beziehung gesetzt werden kann. Die Seele ist ja die Mutter und das Gefäß aller Wissenschaften sowohl wie jeglichen Kunstwerkes. Die Wissenschaft von der Seele sollte demgemäß imstande sein, die psychologische Struktur des Kunstwerkes einerseits und die psychologischen Bedingungen des künstlerisch schöpferischen Menschen andererseits aufzuzeigen und zu erklären. Diese beiden Aufgaben sind von grundverschiedener Natur.

In ersterem Falle handelt es sich um ein «absichtlich» gestaltetes Pro- 134
dukt komplizierter seelischer Tätigkeiten, in letzterem aber um den seelischen Apparat selber. In ersterem Falle ist das Objekt der psychologischen Analyse und Deutung das konkrete Kunstwerk, in letzterem aber der schöpferische Mensch in der Form der einmaligen Persönlichkeit. Obschon beide Objekte in intimstem Zusammenhang und in unauflösbarer Wechselwirkung stehen, so kann doch das eine das andere nicht erklären. Gewiß ist es möglich, Rückschlüsse vom einen auf das andere zu ziehen, jedoch sind diese Schlüsse niemals zwingend. Sie sind und bleiben auch im besten Falle Wahrscheinlichkeiten oder glückliche Aperçus. GOETHES besonderes Verhältnis zu seiner Mutter läßt uns zwar etwas merken, wenn wir Faustens Ausruf vernehmen: «Die Mütter! Mütter! – 's klingt so wunderlich!» Aber es gelingt uns nicht, einzusehen, wieso aus der Bindung an die Mutter gerade ein *«Faust»* hervorgehen soll, obschon uns tiefste Ahnung sagt, daß im Menschen GOETHE die Beziehung zur Mutter eine bedeutende Rolle gespielt und gerade im *«Faust»* vielsagende Spuren hinterlassen hat. Auch können

wir umgekehrt aus dem *«Ring des Nibelungen»* unmöglich die Tatsache erkennen oder gar zwingend ableiten, daß WAGNER Neigungen zum weiblichen Transvestiten hatte, obschon auch hier geheime Wege vom Heroischen der Nibelungen zum krankhaft Weiblichen im Menschen WAGNER führen. Die persönliche Psychologie des Schöpfers erklärt zwar manches an seinem Werke, aber nicht dieses selbst. Sollte sie aber letzteres erklären, und zwar mit Erfolg, so würde sich sein angeblich Schöpferisches als bloßes Symptom entpuppen, was dem Werke weder zum Vorteil noch zum Ruhme gereichte.

135 Der gegenwärtige Stand der psychologischen Wissenschaft, die – beiläufig gesagt – die jüngste aller Wissenschaften ist, erlaubt es keinesfalls, strikte Kausalzusammenhänge in diesem Gebiet aufzustellen, was sie als Wissenschaft eigentlich tun müßte. Sichere Kausalitäten ergibt die Psychologie nur im Gebiete der semipsychologischen Instinkte und Reflexe. Wo aber das eigentliche Leben der Seele anfängt, nämlich im Komplexen, da muß sie sich damit begnügen, weitläufige Beschreibungen der Geschehnisse zu geben und farbige Bilder der oft wunderlichen und fast übermenschlich kunstvollen Gewebe auszumalen, wobei sie darauf zu verzichten hat, auch nur einen einzigen Vorgang als «notwendig» zu bezeichnen. Wäre dem nicht so, und könnte die Psychologie sichere Kausalitäten im Kunstwerk und im Kunstschaffen aufzeigen, so wäre die ganze Kunstwissenschaft ihres eigenen Bodens beraubt und fiele der Psychologie als eine bloße Spezialität anheim. Obschon letztere ihren Anspruch, die Kausalität der komplexen Vorgänge zu erforschen und festzustellen, nie aufgeben darf, ohne auf sich selbst zu verzichten, so wird ihr die Erfüllung dieses Anspruchs doch nie zuteil werden, weil das irrationale Schöpferische, das gerade in der Kunst am allerdeutlichsten hervortritt, letztlich aller rationalisierenden Bemühungen spotten wird. Alle psychischen Abläufe innerhalb des Bewußtseins mögen kausal erklärbar sein; das Schöpferische aber, das in der Unabsehbarkeit des Unbewußten wurzelt, wird sich menschlicher Erkenntnis auf ewig verschließen. Es wird sich immer nur in seinem Erscheinen beschreiben, und es wird sich ahnen, aber nicht greifen lassen. Kunstwissenschaft und Psychologie werden auf einander angewiesen sein, und das Prinzip der einen wird das der anderen nicht aufheben. Prinzip der Psychologie ist, das gegebene psychische Material als ein aus kausalen Prämissen Ableitbares erscheinen zu lassen; Prinzip der Kunstwissenschaft ist es,

das Psychische als ein schlechthin Seiendes zu betrachten, ob es sich nun um das Kunstwerk oder um den Künstler handelt. Beide Prinzipien sind gültig trotz ihrer Relativität.

1. DAS WERK

Die psychologische Betrachtung des literarischen Kunstwerkes unterscheidet sich durch ihre spezifische Einstellung von der literaturwissenschaftlichen Weise. Die für die letztere ausschlaggebenden Werte und Tatsachen können für erstere sozusagen belanglos sein; ja, Werke von höchst zweifelhaftem literarischem Wert erscheinen oft dem Psychologen als besonders interessant. Der sogenannte psychologische Roman zum Beispiel bietet ihm längst nicht das, was die literarische Betrachtungsweise davon erwartet. Dieser Roman, als ein in sich geschlossenes Ganzes betrachtet, erklärt sich selbst, er ist sozusagen seine eigene Psychologie, welche der Psychologe höchstens noch zu ergänzen oder zu kritisieren hätte, womit allerdings die in diesem Fall besonders wichtige Frage, wieso gerade dieser Autor zu diesem Werke kommt, noch nicht beantwortet ist. Letzteres Problem soll uns erst im zweiten Teil dieses Aufsatzes beschäftigen. 136

Umgekehrt gewährt der nichtpsychologische Roman der psychologischen Durchleuchtung im allgemeinen bessere Möglichkeiten, da die nichtpsychologische Absicht des Autors keine bestimmte Psychologie seiner Figuren vorwegnimmt und dadurch der Analyse und Deutung nicht nur Raum läßt, sondern durch unvoreingenommene Schilderung derselben noch entgegenkommt. Gute Beispiele hiefür sind die Romane BENOITS und die englischen «fiction stories» im Stile RIDER HAGGARDS, die über CONAN DOYLE zum beliebtesten literarischen Massenartikel, zum Detektivroman, führen. Der größte amerikanische Roman, MELVILLES *«Moby Dick»*, gehört ebenfalls hieher. Die spannende Tatsachenschilderung, die auf psychologische Absichten scheinbar ganz verzichtet, ist gerade für den Psychologen von größtem Interesse, denn die ganze Erzählung baut sich auf vor einem unausgesprochenen psychischen Hintergrund, der für den kritischen Blick um so reiner und ungemischter hervortritt, je mehr der Autor sich seiner Voraussetzung unbewußt ist. Im psychologischen Roman dagegen macht der Autor selber den Versuch, den seelischen Urstoff seines Kunstwerkes aus dem bloßen Ge- 137 schehen in die Sphäre der psychologischen Erörterung und Durchleuchtung emporzuheben, wodurch der seelische Hintergrund oft bis zur Undurchsichtigkeit verdunkelt wird. Gerade aus Romanen dieser Art bezieht der Laie «Psychologie», während den Romanen ersterer Art nur Psychologie tieferen Sinn zu geben vermag.

138 Was ich hier am Roman erläutere, ist ein psychologisches Prinzip, das die Grenzen dieser speziellen Form des literarischen Kunstwerkes beträchtlich überschreitet. Es macht sich auch in der Poesie bemerkbar, und im *«Faust»* scheidet es den ersten und zweiten Teil. Die Liebestragödie erklärt sich selbst, der zweite Teil dagegen verlangt Deutungsarbeit. Dem ersten Teil vermöchte der Psychologe nichts beizufügen, was der Dichter nicht schon besser gesagt hätte; der zweite Teil hingegen mit seiner ungeheuren Phänomenologie hat die Gestaltungskraft des Dichters dermaßen aufgezehrt oder sogar hinter sich gelassen, daß sich nichts mehr von selbst erklärt, sondern fortschreitend von Vers zu Vers das Deutungsbedürfnis des Lesers herausgefordert wird. *«Faust»* charakterisiert wohl am besten die beiden Extreme des literarischen Kunstwerkes in psychologischer Hinsicht.

139 Um der Klarheit willen möchte ich die eine als die *psychologische,* die andere aber als die *visionäre* Art des Schaffens bezeichnen. Die psychologische Art hat als Stoff einen Inhalt, der sich innerhalb der Reichweite des menschlichen Bewußtseins bewegt, also zum Beispiel eine Lebenserfahrung, eine Erschütterung, ein Erlebnis der Leidenschaft, menschliches Schicksal überhaupt, dem allgemeinen Bewußtsein bekannt oder wenigstens erfühlbar. Dieser Stoff ist aufgenommen in die Seele des Dichters, aus dem Alltäglichen zur Höhe seines Erlebens emporgehoben und so gestaltet, daß sein Ausdruck mit überzeugender Kraft das an sich Gewöhnliche, nur dumpf oder peinlich Gefühlte und darum auch Gescheute oder Übersehene, in das hellste Bewußtsein des Lesers rückt und ihn damit zu höherer Klarheit und weiterer Menschlichkeit entrückt. Der Urstoff dieser Gestaltung entstammt der Sphäre des Menschen, seiner ewig sich wiederholenden Leiden und Freuden; er ist Inhalt des menschlichen Bewußtseins, in seiner dichterischen Gestaltung erklärt und verklärt. Der Dichter hat dem Psychologen jegliche Arbeit abgenommen. Oder soll letzterer ergründen, warum Faust sich in Gretchen verliebt? Oder warum Gretchen zur Kindsmörderin wird? Es ist Menschenschicksal, millionenfach wiederholt bis zur gräßlichen

Monotonie des Gerichtssaales und des Strafgesetzbuches. Nichts ist dunkel geblieben, denn alles erklärt sich überzeugend aus sich selber.

Auf dieser Linie bewegen sich zahllose literarische Produkte, der 140
Liebes-, der Milieu-, der Familien-, der Kriminal- und der soziale Roman, das Lehrgedicht, die meisten lyrischen Gedichte, die Tragödie und das Lustspiel. Was immer auch deren künstlerische Form ist, die Inhalte des psychologischen Kunstschaffens entstammen stets dem Bereiche menschlicher Erfahrung, dem seelischen Vordergrund stärkster Erlebnisse. Darum nenne ich diese Art des Kunstschaffens «psychologisch», weil es sich überall innerhalb der Grenzen des psychologisch Versteh- und Erfaßbaren bewegt. Vom Erlebnis bis zur Gestaltung verläuft alles Wesentliche im Gebiete durchschaubarer Psychologie. Selbst der psychische Urstoff des Erlebnisses hat nichts Fremdartiges an sich; im Gegenteil, er ist das Urbekannte: die Leidenschaft und ihre Schicksale, die Schicksale und ihr Erleiden, die ewige Natur, ihre Schönheiten und ihre Schrecken.

Der Abgrund, der zwischen *«Faust»*, 1. Teil, und *«Faust»*, 2. Teil, 141
sich auftut, trennt auch die *psychologische* Art des Kunstschaffens von der *visionären*. Hier kehrt sich alles um: Der Stoff oder das Erlebnis, das der Gestaltung zum Inhalt wird, ist nichts Bekanntes; es ist von fremdartiger Wesenheit, von hintergründiger Natur, wie aus Abgründen vormenschlicher Zeitläufte oder wie aus Licht- und Dunkelwelten übermenschlicher Natur stammend, ein Urerlebnis, dem menschliche Natur in Schwäche und Unbegreifen zu erliegen droht. Der Wert und die Wucht liegen auf der Ungeheuerlichkeit des Erlebnisses, das fremd und kalt oder bedeutend und erhaben aus zeitlosen Tiefen auftaucht, einerseits von schillernder, dämonisch-grotesker Art, menschliche Werte und schöne Formen zersprengend, ein schreckenerregender Knäuel des ewigen Chaos oder ein «crimen laesae majestatis humanae», um mit NIETZSCHE zu reden, andererseits eine Offenbarung, deren Höhen und Tiefen zu ergründen menschliche Ahnung kaum genügt, oder eine Schönheit, welche zu erfassen Worte sich vergeblich mühen. Der verwirrende Anblick mächtigen Geschehens, das die Reichweite menschlichen Fühlens und Begreifens auf allen Seiten überragt, fordert anderes vom künstlerischen Schaffen als das Vordergrunderlebnis. Letzteres zerreißt nie den kosmischen Vorhang; es zersprengt nie die Grenzen des menschlich Möglichen, weshalb es auch trotz stärkster Erschütterung

des einzelnen doch willig in die Formen menschlicher Kunstgestaltung eingeht. Jenes aber zerreißt den Vorhang, auf den die Bilder des Kosmos gemalt sind, von unten bis oben und eröffnet einen Blick in unbegreifliche Tiefen des Ungewordenen. In andere Welten? oder in Verdunkelungen des Geistes? oder in vorweltliche Ursprünge der menschlichen Seele? oder in Zukünfte ungeborener Geschlechter? Wir können diese Fragen weder bejahen noch verneinen.

> Gestaltung, Umgestaltung.
> Des ewigen Sinnes ewige Unterhaltung.

142 Urvision tritt uns entgegen im *«Poimandres»*, im *«Hirt des Hermas»*, in DANTE, in *«Faust»*, 2. Teil, in NIETZSCHES dionysischem Erlebnis [2], in den Werken WAGNERS *(Nibelungenring, Tristan, Parzifal)*, in SPITTELERS *«Olympischem Frühling»*, in WILLIAM BLAKES Zeichnungen und Dichtungen, in der *«Hypnerotomachia»* des Mönches FRANCESCO COLONNA [3], in JACOB BÖHMES philosophisch-dichterischem Stammeln [4] und in den teils skurrilen, teils großartigen Bildern von E. T. A. HOFFMANNS *«Goldenem Topf»* [5]. In beschränkterer und konziserer Form macht dieses Erlebnis den wesentlichen Gehalt bei RIDER HAGGARD aus, insoweit sich seine Schriften um *«She»* anordnen, bei BENOIT (*«L'Atlantide»* hauptsächlich), KUBIN *(«Die andere Seite»)*, MEYRINK (hauptsächlich das nicht zu unterschätzende *«Grüne Gesicht»)*, GOETZ *(«Das Reich ohne Raum»)*, BARLACH *(«Der tote Tag»)* und anderen.

143 Beim Stoff des psychologischen Kunstschaffens brauchen wir uns nie die Frage vorzulegen, worin er bestehe, oder was er zu bedeuten habe. Hier aber, beim visionären Erlebnis, drängt sich diese Frage unmittelbar auf. Man verlangt Kommentare und Erklärungen; man ist verwundert, erstaunt, verwirrt, mißtrauisch oder, schlimmer noch, sogar angewi-

[2] Vgl. dazu meine Ausführungen in: *Aufsätze zur Zeitgeschichte*, p. 6 ff.

[3] Neuerdings gründlich nach den Prinzipien der Komplexen Psychologie bearbeitet von LINDA FIERZ-DAVID in: *Der Liebestraum des Poliphilo.*

[4] Einige Proben aus BÖHME finden sich in meiner Abhandlung *Zur Empirie des Individuationsprozesses* [ferner in: *Psychologie und Alchemie*].

[5] Siehe die ausführliche Untersuchung von ANIELA JAFFÉ *Bilder und Symbole aus E. T. A. Hoffmanns Märchen «Der Goldne Topf».*

dert [6]. Nichts aus dem Bereiche menschlichen Taglebens klingt an, aber Träume, nächtliche Ängste und unheimliche Ahnungen seelischer Finsternisse werden lebendig. Das Publikum in seiner großen Mehrheit lehnt diesen Stoff ab, insofern er nicht zu den gröbsten Sensationen spricht, und der literarische Fachmann selbst ist oft merklich verlegen. DANTE und WAGNER haben ihm zwar die Aufgabe etwas leichter gemacht, da bei ersterem historisches Ereignis, bei letzterem mythische Begebenheit das Urerlebnis bekleiden und deshalb als «Stoff» mißverstanden werden können. Bei beiden aber liegen die Dynamik und der tiefe Sinn weder im historischen noch im mythischen Material, sondern in der darin ausgedrückten Urvision. Selbst bei RIDER HAGGARD, der allgemein und verzeihlicherweise als ein Schreiber von «fiction stories» gilt, ist der «yarn» nur ein – eventuell bedenklich überwucherndes – Mittel, um einen bedeutsamen und überragenden Inhalt einzufangen.

Seltsam ist es, daß in strengstem Gegensatz zum Stoffe des psycholo- 144
gischen Schaffens ein tiefes Dunkel über dem Ursprung des visionären Stoffes liegt, ein Dunkel, von dem man öfters glauben möchte, daß es nicht unabsichtlich sei. Man ist nämlich natürlicherweise geneigt – und dies heute besonders unter dem Einfluß der FREUDschen Psychologie – anzunehmen, daß hinter all diesem teils fratzenhaften, teils ahnungsvollen Dunkel persönlichste Erlebnisse stehen müßten, aus denen die seltsame Vision des Chaos erklärt werden könnte, und aus denen es auch verständlich würde, warum es bisweilen den Anschein hat, als ob der Dichter noch absichtlich die Ursprünge seines Erlebnisses verhüllen würde. Von dieser Erklärungstendenz bis zur Vermutung, daß es sich um ein krankhaftes, neurotisches Produkt handle, ist nur ein Schritt, der insofern nicht ganz unberechtigt erscheint, als dem visionären Stoff Eigentümlichkeiten anhaften, die man auch bei den Phantasien Geisteskranker beobachtet. Und umgekehrt wohnt dem psychotischen Produkt oft eine Bedeutungsschwere inne, die man sonst nur beim Genie findet. Man wird sich daher natürlicherweise versucht fühlen, das ganze Phänomen unter dem Gesichtswinkel der Pathologie zu betrachten und die

[6] Man denke hierbei an Produkte wie *Ulysses* von JAMES JOYCE, der trotz oder vielleicht gerade wegen seiner nihilistischen Desintegration eine bedeutsame Tiefe besitzt. [Vgl. Abhandlung VIII dieses Bandes.]

seltsamen Gestalten des Urerlebnisses als Ersatzfiguren und Verhüllungsbestrebungen zu erklären. Man möchte vermuten, daß ein persönliches und intimes Erlebnis dem, was ich als «Urvision» bezeichne, vorangegangen sei, ein Erlebnis, ausgezeichnet durch den Charakter der «Inkompatibilität», das heißt der Unvereinbarkeit mit gewissen moralischen Kategorien. Man setzt voraus, daß das fragliche Ereignis zum Beispiel ein Liebeserlebnis sei, von einer moralischen oder ästhetischen Beschaffenheit, die entweder mit dem Ganzen der Persönlichkeit oder wenigstens mit der Fiktion des Bewußtseins unvereinbar erscheint, weshalb das Ich des Dichters dieses Erlebnis als Ganzes oder wenigstens zu wesentlichen Teilen zu verdrängen und unsichtbar («unbewußt») zu machen suche. Zu diesem Zwecke würde das ganze Arsenal einer pathologischen Phantasie mobil gemacht, und weil dieses Bestreben ein unbefriedigendes Ersatzunternehmen sei, so müsse es in beinahe endlosen Gestaltungsreihen wiederholt werden. Auf diese Weise müßte dann die wuchernde Fülle ungeheuerlicher, dämonischer, grotesker und perverser Gestalten zustande kommen, einesteils zum Ersatz des «nicht akzeptierten» Erlebnisses, andernteils zur Verhüllung desselben dienend.

145 Dieser Ansatz zu einer Psychologie des dichterischen Menschen hat ein nicht unbeträchtliches Aufsehen erregt und stellt zudem den bisher einzigen theoretischen Versuch dar, die Herkunft des visionären Materials und damit die Psychologie dieser eigenartigen Kunstwerke «wissenschaftlich» zu erklären. Ich nehme davon meine eigene Stellungnahme aus, mit der Voraussetzung, daß sie weniger allgemein bekannt und begriffen sei als die eben skizzierte Auffassung.

146 Die Zurückführung des visionären Erlebnisses auf eine persönliche Erfahrung macht dasselbe zu etwas Uneigentlichem, zu einem bloßen «Ersatz». Damit verliert der visionäre Inhalt seinen «Urcharakter», die «Urvision» wird zum *Symptom,* und das Chaos entartet zur seelischen Störung. Die Erklärung kehrt beruhigt in die Grenzen des wohlgeordneten Kosmos zurück, von dem die praktische Vernunft nie Vollkommenheit vorausgesetzt hat. Seine unvermeidlichen Unvollkommenheiten sind Abnormitäten und Krankheiten, die voraussetzungsgemäß auch zur menschlichen Natur gehören. Der erschütternde Ausblick in jenseitsmenschliche Abgründe enthüllt sich als Illusion, und der Dichter als täuschender Getäuschter. Sein Urerlebnis war «menschlich-allzu-

menschlich», so sehr, daß er sich nicht einmal dazu stellen konnte, sondern es sich selber noch verheimlichen mußte.

Man tut wohl daran, diese unweigerlichen Konsequenzen der *Reduktion auf die persönliche Anamnese* klar ins Auge zu fassen, sonst sieht man nicht, wohin diese Erklärungsart zielt: sie führt nämlich von der Psychologie des Kunstwerkes weg in die persönliche Psychologie des Dichters. Letztere ist nicht zu leugnen. Erstere aber besteht ebenfalls und kann nicht einfach mit diesem «tour de passe-passe» erledigt werden, indem man sie in einen persönlichen «Komplex» verwandelt. Wozu dem Dichter das Kunstwerk dient, ob es ihm eine Gaukelei, eine Verhüllung, ein Leiden oder eine Tat bedeutet, das soll uns in diesem Abschnitt nicht interessieren. Unsere Aufgabe ist vielmehr, das Kunstwerk psychologisch zu erläutern, und dazu ist es notwendig, daß wir seine Grundlage, das heißt das Urerlebnis ebenso ernst nehmen, wie im Falle des psychologischen Kunstschaffens, wo doch niemand an der Wirklichkeit und Ernsthaftigkeit des dem Werke zugrundeliegenden Stoffes zweifeln kann. Es ist hier gewiß viel schwieriger, den nötigen Glauben aufzubringen, denn es hat allen Anschein, als ob das visionäre Urerlebnis etwas wäre, was in der allgemeinen Erfahrung gar nicht angetroffen werden könnte. Es erinnert so fatal an obskure Metaphysik, daß wohlmeinende Vernunft einzugreifen sich bemüßigt fühlt. Und unvermeidlicherweise kommt sie zum Schluß, daß man solche Dinge doch gar nicht so ernst nehmen könne, denn sonst fiele ja die Welt wieder in den finstersten Aberglauben zurück. Wer nicht gerade «okkult» veranlagt ist, stellt sich daher unter dem visionären Erlebnis «reiche Phantasie», «dichterische Laune» oder «dichterische Lizenz» vor. Gewisse Poeten helfen noch dazu, indem sie sich einen heilsamen Abstand von ihrem Werk dadurch sichern, daß sie, wie zum Beispiel SPITTELER, erklären, man hätte statt des *«Olympischen Frühlings»* ebensogut singen können: «Der Mai ist gekommen»! Dichter sind eben auch Menschen, und was ein Dichter über sein Werk sagt, gehört oft längst nicht zum Besten, was sich darüber sagen ließe. Es handelt sich wohl um nichts Geringeres, als daß wir die Ernsthaftigkeit des Urerlebnisses sogar noch gegen den persönlichen Widerstand des Dichters selber verteidigen müssen. 147

Der *«Hirt des Hermas»* wie auch die *«Göttliche Komödie»* und *«Faust»* sind durchzogen vom Nach- und Mitklingen des anfänglichen 148

Liebeserlebnisses und erhalten ihre Krönung und Vollendung durch das visionäre Erlebnis. Wir haben keinen Grund zur Annahme, daß das normale Erleben von *«Faust»* erster Teil im zweiten Teil geleugnet oder verhüllt wäre, noch besteht irgend ein Grund zur Annahme, daß GOETHE zur Zeit der Abfassung des ersten Teiles normal, zur Zeit des zweiten Teiles aber neurotisch gewesen wäre. In der großen, über beinahe zwei Jahrtausende sich erstreckenden Stufenfolge HERMAS – DANTE – GOETHE finden wir übereinstimmend das persönliche Liebeserlebnis unverhüllt dem größeren der Vision nicht nur bei-, sondern sogar untergeordnet. Dieses Zeugnis ist bedeutsam, denn es beweist, daß (abgesehen von der persönlichen Psychologie des Dichters) innerhalb des Kunstwerkes die Vision ein tieferes und stärkeres Erlebnis bedeutet als menschliche Leidenschaft. Was das Kunstwerk (das niemals mit dem persönlichen Dichter verwechselt werden darf) anbetrifft, so ist es unzweifelhaft, daß die Vision ein echtes Urerlebnis ist, unbekümmert darum, was Vernünftler darüber meinen. Es ist nichts Abgeleitetes, nichts Sekundäres und nichts Symptomatisches, sondern ein *wirkliches Symbol, nämlich ein Ausdruck für unbekannte Wesenheit.* Wie das Liebeserlebnis das Erleben einer wirklichen Tatsache darstellt, so auch die Vision. Ob ihr Inhalt physischer, seelischer oder metaphysischer Natur ist, das zu wissen, steht uns nicht zu. Es ist *psychische Realität,* welche mindestens die gleiche Würde hat wie die physische. Das Erlebnis menschlicher Leidenschaft steht innerhalb der Grenzen des Bewußtseins, der Gegenstand der Vision aber jenseits. Im Gefühl erleben wir Bekanntes, die Ahnung aber führt uns an Unbekanntes und Verborgenes, an Dinge, die von Natur geheim sind. Sind sie je bewußt, so werden sie absichtlich verheimlicht und verhüllt, und daher haftet ihnen seit Urzeit Geheimnis, Unheimlichkeit und Täuschung an. Sie sind vor den Menschen verborgen, und er verbirgt sich mit deisidaimonia vor ihnen, sich schützend hinter dem Schild der Wissenschaft und der Vernunft. Der Kosmos ist sein Tagglauben, der ihn vor der Nachtangst des Chaos bewahren soll – Aufklärung aus Furcht vor dem Nachtglauben! Sollte es lebendig Wirkendes geben jenseits der menschlichen Tagwelt? Notwendigkeiten und gefährliche Unvermeidlichkeiten? Absichtlichere Dinge als Elektronen? Sollten wir uns im Besitze und in der Beherrschung unserer Seele bloß wähnen, während das, was die Wissenschaft «Psyche» nennt und als ein in der Schädelkapsel eingeschlossenes

Fragezeichen versteht, am Ende ein offenes Tor sein, durch welches Unbekanntes und unheimlich Wirkendes aus der Nichtmenschenwelt bisweilen hereintritt und auf nächtlichen Schwingen den Menschen der Menschlichkeit entrückt und zu überpersönlicher Frone und Bestimmung führt? Es scheint sogar, als ob das Liebeserlebnis bisweilen nur auslösend gewirkt hätte, ja zu einem bestimmten Zwecke unbewußt «arrangiert» worden, und das Menschlich-Persönliche nur als ein Auftakt zu der allein wesentlichen «göttlichen Komödie» anzusehen wäre.

Das Kunstwerk dieser Art ist nicht das einzige, was der nächtlichen 149
Sphäre entstammt; an ihr nähren sich Seher und Propheten, wie AUGUSTIN trefflich sagt: «Et adhuc ascendebamus interius cogitando, et loquendo, et mirando opera tua; et venimus in mentes nostras, et transcendimus eas, ut attingeremus regionem ubertatis indeficientis, ubi pascis Israel in aeternum veritatis pabulo, et ubi vita sapientia est ...» [7] Derselben Sphäre verfallen aber auch die großen Übeltäter und Zerstörer, welche das Gesicht der Zeiten verdunkeln, und die Dementen, die dem Feuer zu nahe kommen ... «Quis poterit habitare de vobis cum igne devorante? Quis habitabit ex vobis cum ardoribus sempiternis?» [8] Es heißt nämlich mit Recht: «Quem Deus vult perdere prius dementat.» [9] Auch ist diese Sphäre, so dunkel und unbewußt sie sein mag, nichts an sich Unbekanntes, sondern etwas von jeher und weltweit Bekanntes. Dem Primitiven ist sie selbstverständlicher Bestandteil seines Weltbildes, nur wir haben sie aus Scheu vor Aberglauben und aus Metaphysikfurcht ausgeschlossen, um eine scheinbar sichere und handliche Bewußtseinswelt aufzubauen, in welcher Naturgesetze gelten wie menschliche Gesetze in einem geordneten Staat. Aber der Dichter sieht bisweilen die Gestalten der nächtlichen Welt, die Geister, Dämonen und Götter, die geheime Verquickung menschlichen Schicksals mit übermenschlicher Absicht und die nicht zu fassenden Dinge,

[7] *Confessiones,* lib. IX, cap. X, Übersetzung: «Noch weiter stiegen wir empor in innerem Denken, Reden und Wundern über deine Werke, und wir kamen in unseren Verstandesfunktionen und gingen über diese hinaus, um zum Bereich der unerschöpflichen Fülle zu gelangen, wo du Israel ewig weidest mit der Speise der Wahrheit, und wo das Leben Weisheit ist ...»
[8] *Is.* XXXIII, 14: «Wer von euch wird imstande sein, beim verzehrenden Feuer zu wohnen? Wer unter euch wird bei den ewigen Gluten wohnen?»
[9] «Wen Gott verderben will, den schlägt er zuvor mit Wahnsinn.»

die sich im Pleroma ereignen. Er erschaut bisweilen etwas von jener psychischen Welt, die der Schrecken und zugleich die Hoffnung des Primitiven ist. Es wäre nicht uninteressant, zu erforschen, ob nicht unsere in der Neuzeit erfundene Scheu vor Aberglauben und die ebenso neuzeitliche materialistische Aufklärung nichts anderes als ein Derivat und eine Weiterentwicklung der primitiven Magie und Geisterfurcht ist. Jedenfalls gehören die Faszination der sogenannten Tiefenpsychologie und der ebenso heftige Widerstand gegen dieselbe in dieses Kapitel.

150 Schon in den allerersten Anfängen der menschlichen Gesellschaft finden wir die Spuren der seelischen Bemühung, für das dunkel Geahnte bannende oder propitiierende Formen zu finden. Selbst in jenen sehr frühen Felszeichnungen des Rhodesischen Steinzeitalters findet sich neben naturgetreuen Tierbildern ein abstraktes Zeichen, nämlich ein achtfaches, im Kreise eingeschlossenes Kreuz, das in dieser Gestalt sozusagen durch alle Kulturen gewandert ist, und das wir heute noch, nicht nur in christlichen Kirchen, sondern zum Beispiel auch in tibetanischen Klöstern finden. Dieses sogenannte Sonnenrad, aus einer Zeit und aus einer Zivilisation stammend, wo es noch längst keine Räder gab, geht nur zum Teil aus der äußeren Erfahrung hervor, zum anderen ist es ein Symbol, eine Erfahrung von innen, welche wahrscheinlich ebenso naturgetreu wiedergegeben ist wie das berühmte Rhinozeros mit den Zeckenvögeln. Es gibt keine primitive Kultur, die nicht ein oft geradezu erstaunlich entwickeltes System der Geheim- und Weisheitslehre besäße, nämlich einer Lehre einerseits von den dunkeln Dingen, die jenseits des menschlichen Tages und dessen Erinnerung liegen, andererseits der Weisheit, welche menschliches Handeln regeln soll [10]. Die Männerbünde und die Totemclans bewahren dieses Wissen, und in den Männerweihen wird es gelehrt. Die Antike tat dasselbe in ihren Mysterien, und ihre reiche Mythologie ist ein Relikt frühester Stufen solcher Erfahrungen.

151 Es ist daher durchaus folgerichtig, wenn der Dichter wieder auf mythologische Figuren zurückgreift, um für sein Erlebnis den passen-

[10] Die von Bruno Gutmann herausgegebenen *«Stammeslehren der Dschagga»* beanspruchen nicht weniger als drei Bände mit zusammen 1975 Seiten.

den Ausdruck zu finden. Nichts wäre verkehrter, als anzunehmen, er schaffe in solchen Fällen aus überkommenem Stoff; er schöpft vielmehr aus dem Urerlebnis, dessen dunkle Natur der mythologischen Gestalten bedarf und daher gierig das Verwandte an sich zieht, um sich darin auszudrücken. Das Urerlebnis ist wort- und bildlos, denn es ist eine Vision «in dunkelm Spiegel». Es ist bloß mächtigste Ahnung, die zum Ausdruck werden möchte. Es ist wie ein Windwirbel, der alles ergreift, was sich ihm bietet, und, indem er es emporwirbelt, damit sichtbare Gestalt gewinnt. Aber weil der Ausdruck niemals die Fülle des Gesichtes erreicht und niemals dessen Grenzenlosigkeit erschöpft, so bedarf der Dichter eines oft beinahe ungeheuern Materials, um auch nur annähernd das Geahnte wiederzugeben, und zudem kann er eines widerspenstigen und widerspruchsvollen Ausdruckes nicht entraten, wenn anders er die unheimliche Paradoxie der Vision will in Erscheinung treten lassen. DANTE spannt sein Erlebnis aus zwischen allen Bildern der Hölle, des Fegefeuers und des Himmels. GOETHE bedarf des Blocksberges und der Unterwelt Griechenlands, WAGNER der ganzen nordischen Mythologie und des Reichtums der Parzifalsage, NIETZSCHE greift auf den sakralen Stil, den Dithyrambus und den sagenhaften Seher der Vorzeit zurück, BLAKE macht sich die Phantasmagorie Indiens, die biblische und apokalyptische Bilderwelt dienstbar, und SPITTELER borgt alle Namen für neue Gestalten, die in beinahe erschreckender Zahl dem Füllhorn seiner Poesie entquellen. Und nichts fehlt von der ganzen Stufenleiter, vom Unbegreiflich-Erhabenen bis hinunter zum Pervers-Grotesken.

Zum Wesen dieser vielfarbigen Erscheinung hat die Psychologie 152
hauptsächlich Terminologie und Vergleichsmaterial beizutragen. Das was in der Vision erscheint, ist ein Bild des *kollektiven Unbewußten,* nämlich der eigentümlichen, angeborenen Struktur jener Psyche, welche Matrix und Vorbedingung des Bewußtseins darstellt. Nach dem phylogenetischen Grundgesetz muß die psychische Struktur genau wie die anatomische die Merkmale der durchlaufenen Ahnenstufen an sich tragen. Das ist mit dem Unbewußten auch tatsächlich der Fall: in Bewußtseinseklipsen, zum Beispiel im Traum, in der Geistesstörung usw., treten seelische Produkte oder Inhalte an die Oberfläche, die alle Merkmale des primitiven seelischen Zustandes an sich tragen, und zwar nicht nur der Form nach, sondern auch nach dem Sinngehalt, so daß

man oft meinen könnte, sie wären Fragmente alter Geheimlehren. Zahlreich sind die dabei auftretenden mythologischen Motive, die sich aber in moderner Bildersprache verbergen, das heißt es ist nicht mehr der Adler des Zeus oder der Vogel Rock, sondern ein Flugzeug; der Kampf der Drachen ist ein Eisenbahnzusammenstoß; der Held, der den Drachen erschlägt, ist der Heldentenor am Stadttheater; die chthonische Mutter ist eine dicke Gemüsehändlerin, und Pluto, der Proserpina raubt, ein gefährlicher Chauffeur usw. Das Wichtige und für die Literaturwissenschaft besonders Bedeutsame aber liegt darin, daß die Manifestationen des kollektiven Unbewußten in Beziehung auf die Bewußtseinslage *kompensatorischen Charakter* haben, das heißt daß durch sie eine einseitige, unangepaßte oder gar gefährliche Bewußtseinslage ins Gleichgewicht gebracht werden soll. Diese Funktion sieht man aber auch in der Symptomatologie der Neurosen und in den Wahnideen der Geisteskranken, wo die Kompensationserscheinungen oft handgreiflich sind, zum Beispiel bei Leuten, die sich ängstlich gegen alle Welt abschließen und plötzlich entdecken, daß jedermann von ihren intimsten Geheimnissen weiß und spricht. Natürlich liegen nicht alle Kompensationen dermaßen klar zutage; schon die neurotischen sind viel subtiler und die in den Träumen und vor allem die in den eigenen Träumen auftretenden sind nicht nur etwa dem Laien, sondern auch dem Kenner oft zunächst völlig undurchsichtig; so verblüffend einfach sie auch sein mögen, wenn man sie einmal verstanden hat. Aber das Einfachste ist, wie man zur Genüge weiß, oft das Schwierigste. Ich muß meinen Leser hiefür auf die Literatur verweisen.

153 Wenn wir hier zunächst von der Möglichkeit absehen, daß zum Beispiel ein *«Faust»* eine persönliche Kompensation für GOETHES Bewußtseinslage darstellen könnte, so stellt sich darüber hinaus die Frage, in welcher Beziehung ein solches Werk zum *Zeitbewußtsein* steht und ob diese Beziehung nicht auch als eine Kompensation anzusehen wäre. Die große Dichtung, die aus der Seele der Menschheit schöpft, wäre nach meiner Ansicht vollkommen daneben erklärt, wenn man sie auf Persönliches zurückzuführen versuchte. Wo immer nämlich das kollektive Unbewußte sich ins Erlebnis drängt und sich dem Zeitbewußtsein vermählt, da ist ein Schöpferakt geschehen, der die ganze Epoche angeht, denn das Werk ist dann in tiefstem Sinne eine Botschaft an die Zeitgenossen. Deshalb berührt der *«Faust»* etwas in der Seele jedes Deut-

schen (wie schon JACOB BURCKHARDT einmal bemerkte [11]), deshalb auch ist DANTES Ruhm unsterblich, und der *«Hirt des Hermas»* wäre beinahe ein kanonisches Buch geworden. Jede Zeit hat ihre Einseitigkeit, ihre Voreingenommenheit und ihr seelisches Leiden. Eine Zeitepoche ist wie die Seele eines Einzelnen, sie hat ihre besondere, spezifisch beschränkte Bewußtseinslage und bedarf daher einer Kompensation, die dann eben durch das kollektive Unbewußte auf solche Weise geleistet wird, daß ein Dichter oder ein Seher dem Unausgesprochenen der Zeitlage Ausdruck verleiht und in Bild oder Tat das heraufführt, was das unverstandene Bedürfnis aller erwartete, sei es nun im Guten oder im Bösen, zur Heilung einer Epoche oder zu deren Zerstörung.

Es ist gefährlich, von der eigenen Epoche zu reden, denn zu gewaltig 154
ist der Umfang dessen, was heute auf dem Spiel steht [12]. Einige Andeutungen mögen daher genügen. FRANCESCO COLONNAS Werk ist eine Apotheose der Liebe in der Form eines (literarischen) Traumes, nicht die Geschichte einer Leidenschaft, sondern die Darstellung einer Beziehung zur *Anima,* das heißt zur subjektiven Imago des Weiblichen, inkarniert in der fiktiven Gestalt der Polia. Die Beziehung spielt sich in heidnisch-antiker Form ab, was darum bemerkenswert ist, weil der Autor nach allem, was wir wissen, ein Mönch war. Sein Werk führt gegenüber dem mittelalterlich-christlichen Bewußtsein eine zugleich ältere und jüngere Welt aus dem Hades, der Grab und zugleich gebärende Mutter ist, herauf [13]. Auf höherer Stufe webt GOETHE das Motiv Gretchen–Helena–Mater Gloriosa–das Ewig-Weibliche, als einen roten Faden dem bunten Gewirke des *«Faust»* ein. NIETZSCHE verkündet den Gottestod, und bei SPITTELER wird das Blühen und Welken der Götter zum Jahreszeitenmythus. Jeder dieser Dichter spricht mit der Stimme von Tausenden und Zehntausenden, Wandlungen im Zeitbewußtsein vorausverkündend. Die Hypnerotomachia des Poliphilo, sagt LINDA FIERZ, «ist das Symbol des lebendigen Werdeprozesses, der sich undurchschaubar und unverstehbar an den Menschen seiner Zeit vollzogen und aus der Renaissance den Beginn der Neuzeit gemacht hat». [14] Schon

[11] Briefe an ALBERT BRENNER (*Basler Jahrbuch 1901,* p. 91 f.).

[12] Ich habe dies 1929 geschrieben.

[13] Vgl. hierzu die Ausführungen von LINDA FIERZ-DAVID, l. c., p. 239 ff.

[14] l. c., p. 38.

bereitete sich zu COLONNAS Zeit einerseits die Schwächung der Kirche durch das Schisma, andererseits das Zeitalter der großen Reisen und wissenschaftlichen Entdeckungen vor. Eine Welt ging unter, und ein neuer Äon hob an, antizipiert in jener paradoxen, innerlich gegensätzlichen Gestalt der Polia, der modernen Seele des Mönches Francesco. Nach drei Jahrhunderten des religiösen Schismas und der wissenschaftlichen Weltentdeckung schildert GOETHE den zur Göttergröße bedrohlich herangediehenen faustischen Menschen und versucht, die Unmenschlichkeit dieser Gestalt empfindend, diese mit dem Ewig Weiblichen, der mütterlichen Sophia, zu einigen. Letztere erscheint als eine Höchstform der Anima, welche die heidnische Grausamkeit der Nymphe Polia abgestreift hat. Dieser Kompensationsversuch hatte keine dauernde Wirkung, denn NIETZSCHE bemächtigte sich wiederum des Übermenschen, und dieser mußte sich noch in sein eigenes Verderben stürzen. Man vergleiche SPITTELERS *«Prometheus»* [15] mit diesem zeitgenössischen Drama, und man wird meinen Hinweis auf die prophetische Bedeutung des großen Kunstwerkes verstehen [16].

2. DER DICHTER

155 Das Geheimnis des Schöpferischen ist, wie das der Freiheit des Willens, ein transzendentes Problem, welches die Psychologie nicht beantworten, sondern nur beschreiben kann. Gleicherweise ist auch der schöpferische Mensch ein Rätsel, dessen Lösung man zwar auf vielerlei Weise, aber immer vergebens versuchen wird. Immerhin hat sich die moderne Psychologie hin und wieder mit dem Problem des Künstlers und seiner Kunst beschäftigt. FREUD glaubte einen Schlüssel gefunden zu haben, um das Kunstwerk von der persönlichen Erlebnissphäre des Künstlers her aufzuschließen [17]. Hier taten sich nämlich bestehende Möglichkeiten auf; denn sollte es nicht möglich sein, ein Kunstwerk ebenso aus «Komplexen» abzuleiten, wie zum Beispiel eine Neurose?

[15] Ich beziehe mich auf die erste Prosafassung.
[16] Vgl. *Psychologische Typen,* 5. Aufl. 1950, p. 257 ff. [Ges. Werke VI]
[17] Vgl. FREUD, *Der Wahn und die Träume in W. Jensens «Gradiva»* und *Leonardo da Vinci.*

Es war ja die große Entdeckung Freuds, daß Neurosen eine ganz bestimmte seelische Ätiologie besitzen, das heißt von emotionalen Ursachen und frühen Kindheitserlebnissen wirklicher oder phantastischer Natur herrühren. Einige seiner Schüler, besonders Rank und Stekel, haben mit einer ähnlichen Fragestellung gearbeitet und ähnliche Resultate erzielt. Es ist nicht zu leugnen, daß des Dichters persönliche Psychologie sich gegebenenfalls bis in die Wurzeln und bis in die äußersten Zweige seines Werkes hinaus verfolgen läßt. Diese Ansicht, daß das Persönliche des Dichters die Wahl und die Gestaltung seines Stoffes in vielen Hinsichten beeinflußt, ist an sich nichts Neues. Wie weit diese Beeinflussung reicht, und in welch eigentümlichen analogischen Beziehungen sie erfolgt, das aufgezeigt zu haben, ist sicherlich ein Verdienst der Freudschen Schule.

Neurose ist für Freud eine Ersatzbefriedigung. Also etwas Uneigent- 156
liches, ein Irrtum, ein Vorwand, eine Entschuldigung, ein Nichtsehenwollen, kurz etwas wesentlich Negatives, das besser nicht wäre. Man wagt es kaum, für die Neurose ein gutes Wort einzulegen, denn sie ist anscheinend nichts als eine sinnlose und darum ärgerliche Störung. Das Kunstwerk, das sich anscheinend wie eine Neurose analysieren und auf die persönlichen Verdrängungen des Dichters zurückführen läßt, gerät damit in die bedenkliche Nachbarschaft der Neurose, wo es sich aber insofern in guter Gesellschaft befindet, als die Freudsche Methode die Religion, Philosophie und anderes ebenfalls in ähnlicher Weise betrachtet. Bleibt es bei der bloßen Betrachtungsweise und wird offen zugegeben, daß es sich dabei um nichts anderes handelt als um die Herausschälung persönlicher Bedingtheiten, die selbstverständlich nirgends fehlen, so kann man billigerweise nichts dagegen einwenden. Sollte aber der Anspruch erhoben werden, daß mit dieser Analyse auch das Wesen des Kunstwerkes selber erklärt sei, so muß dieser Anspruch kategorisch zurückgewiesen werden. Das Wesen des Kunstwerkes besteht nämlich nicht darin, daß es mit persönlichen Besonderheiten behaftet ist – je mehr es dies ist, desto weniger handelt es sich um Kunst –, sondern daß es sich weit über das Persönliche erhebt und aus dem Geist und dem Herzen und für den Geist und das Herz der Menschheit spricht. Das Persönliche ist eine Beschränkung, ja sogar ein Laster der Kunst. «Kunst», die nur oder vorwiegend persönlich ist, verdient es, als Neurose behandelt zu werden. Wenn von der Freudschen Schule die Mei-

nung vertreten wird, daß jeder Künstler eine infantil-autoerotisch beschränkte Persönlichkeit besitze, so mag dieses Urteil für diesen als Person gelten, es ist aber ungültig für den Schöpfer in ihm. Denn dieser ist weder auto- noch hetero- noch überhaupt erotisch, sondern in höchstem Maße sachlich, unpersönlich, ja sogar un- oder übermenschlich, denn als Künstler ist er sein Werk und kein Mensch.

157 Jeder schöpferische Mensch ist eine Dualität oder eine Synthese paradoxer Eigenschaften. *Einerseits ist er menschlich-persönlich, andererseits aber unpersönlicher, schöpferischer Prozeß.* Als Mensch kann er gesund oder krankhaft sein; seine *persönliche* Psychologie kann und soll darum persönlich erklärt werden. Als Künstler dagegen ist er nur aus seiner schöpferischen Tat zu verstehen. Es wäre zum Beispiel ein grober Mißgriff, die Manier eines englischen Gentleman oder eines preußischen Offiziers oder eines Kardinals auf persönliche Ätiologie zurückführen zu wollen. Der Gentleman, der Offizier und der hohe Geistliche sind objektive, unpersönliche officia, mit einer ihnen innewohnenden, sachlichen Psychologie. Obschon der Künstler das Gegenteil ist von offiziell, so besteht doch eine geheime Analogie, insofern als eine spezifisch künstlerische Psychologie eine kollektive und keine persönliche Angelegenheit ist. Denn die Kunst ist ihm eingeboren wie ein Trieb, der ihn erfaßt und zum Instrument macht. Das in letzter Linie in ihm Wollende ist nicht er, der persönliche Mensch, sondern das Kunstwerk. Als Person mag er Launen und Willen und eigene Zwecke haben, als Künstler dagegen ist er in höherem Sinne «Mensch», er ist *Kollektivmensch,* ein Träger und Gestalter der unbewußt tätigen Seele der Menschheit. Das ist sein officium, dessen Last oft dermaßen überwiegt, daß ihm menschliches Glück und alles, was dem gewöhnlichen Menschen das Leben lebenswert macht, schicksalsmäßig zum Opfer fällt. C. G. CARUS sagt: «Es ist *hier*durch auch besonders, wodurch das sich beurkundet, was wir *den Genius* nannten, denn auf merkwürdige Weise zeichnet sich eben ein solcher höher begabter Geist dadurch aus, daß bei aller Freiheit und Klarheit seines Sichdarlebens er vor dem Unbewußten, dem mysteriosen Gott in ihm, überall gedrängt und bestimmt wird, daß Anschauungen sich ihm ergeben – er weiß nicht woher; daß zum Wirken und Schaffen es ihn drängt – er weiß nicht wohin; und daß ein Drang des Werdens und Entwickelns ihn beherrscht – er weiß noch nicht wozu [18].»

[18] *Psyche,* p. 158.

Es ist unter diesen Umständen keineswegs verwunderlich, daß es gerade der Künstler – als Ganzes gesehen – ist, der einer kritisch analysierenden Psychologie besonders reichen Stoff liefert. Sein Leben ist notwendigerweise voll von Konflikten, indem zwei Mächte in ihm sich bekämpfen: der gewöhnliche Mensch mit seinen berechtigten Ansprüchen auf Glück, Zufriedenheit und Lebenssicherheit einerseits und die rücksichtslose, schöpferische Leidenschaft andererseits, welche gegebenenfalls alle persönlichen Wünsche in den Staub tritt. Daher rührt es, daß das persönliche Lebensschicksal so vieler Künstler so überaus unbefriedigend, ja tragisch ist, nicht etwa aus dunkler Fügung, sondern aus Minderwertigkeit oder ungenügender Anpassungsfähigkeit ihrer menschlichen Persönlichkeit. Es gibt selten einen schöpferischen Menschen, der den göttlichen Funken des großen Könnens nicht teuer bezahlen muß. Es ist, wie wenn jeder mit einem gewissen beschränkten Kapital an Lebensenergie geboren würde. Das Stärkste in ihm, eben sein Schöpferisches, wird das meiste an Energie an sich reißen, wenn er wirklich ein Künstler ist, und für den Rest bleibt dann zu wenig übrig, als daß noch irgend ein besonderer Wert sich durchaus entwickeln könnte. Im Gegenteil wird das Menschliche zugunsten des Schöpferischen oft dermaßen entblutet, daß es nur noch auf einem primitiven oder sonstwie erniedrigten Niveau leben kann. Dies äußert sich oft als Kindlichkeit und Unbedenklichkeit, oder als rücksichtsloser, naiver Egoismus (sogenannter «Autoerotismus»), als Eitelkeit und andere Fehler. Diese Minderwertigkeiten sind insofern sinnvoll, als dem Ich einzig auf diese Weise genügend Lebenskraft zugeführt werden kann. Es bedarf dieser niederen Lebensformen, weil es sonst an völliger Beraubung zugrunde ginge. Der persönliche Autoerotismus gewisser Künstler kann demjenigen illegitimer oder sonstwie vernachlässigter Kinder, die sich schon frühzeitig durch schlechte Eigenschaften gegen die zerstörende Wirkung einer liebeleeren Umgebung schützen mußten, verglichen werden. Solche Kinder nämlich werden leicht zu rücksichtslos selbstischen Naturen, entweder passiv dadurch, daß sie zeitlebens infantil und hilflos bleiben, oder aktiv dadurch, daß sie gegen Moral und Gesetz verstoßen. Es ist wohl einleuchtend, daß der Künstler aus seiner Kunst erklärt werden muß und nicht aus den Unzulänglichkeiten seiner Natur und aus seinen persönlichen Konflikten, welche bloß bedauerliche Folgeerscheinungen der Tatsache darstellen, daß er ein 158

Künstler ist, das heißt ein Mensch, dem eine größere Last als dem gewöhnlichen Sterblichen aufgebürdet wurde. Das Mehrkönnen verlangt auch einen größeren Energieaufwand, weshalb das Mehr auf der einen Seite nur von einem Weniger auf der anderen Seite begleitet sein kann.

159 Ob es nun der Dichter weiß, daß sein Werk in ihm gezeugt ist, wächst und reift, oder ob er sich einbildet, daß er aus eigener Absicht eigene Erfindung gestalte, ändert nichts an der Tatsache, daß in Wirklichkeit sein Werk aus ihm wächst. Es verhält sich wie ein Kind zur Mutter. Die Psychologie des Schöpferischen ist eigentlich weibliche Psychologie, denn das schöpferische Werk wächst aus unbewußten Tiefen empor, recht eigentlich aus dem Reiche der Mütter. Überwiegt das Schöpferische, so überwiegt das Unbewußte als leben- und schicksalgestaltende Kraft gegenüber dem bewußten Willen, und das Bewußtsein wird von der Gewalt eines unterirdischen Stromes mitgerissen, ein oft hilfloser Zuschauer der Geschehnisse. Das wachsende Werk ist des Dichters Schicksal und bestimmt seine Psychologie. Nicht GOETHE macht den *«Faust»*, sondern die seelische Komponente «Faust» macht GOETHE[19]. Und was ist «Faust»? «Faust» ist ein *Symbol,* nicht ein bloßer semiotischer Hinweis auf oder eine Allegorie für ein längst Bekanntes, sondern der Ausdruck eines urlebendig Wirkenden in der deutschen Seele, dem GOETHE zur Geburt verhelfen mußte. Ist es denkbar, daß ein Nichtdeutscher einen *«Faust»* oder *«Also sprach Zarathustra»* geschrieben hätte? Beide spielen wohl auf dasselbe an, auf etwas, was in der deutschen Seele vibriert, ein «urtümliches Bild», wie JACOB BURCKHARDT einmal sagte, die Figur eines Arztes und Lehrers einerseits und des düsteren Zauberers andererseits; der Archetypus einesteils des Wei-

[19] ECKERMANNS Traum, in welchem das Paar – Faust und Mephisto – als ein Doppelmeteor auf die Erde fällt, erinnert damit an das Dioskurenmotiv (vgl. dazu meine Vorlesungen «Über Wiedergeburt» und das Motiv der Freundespaare in: *Gestaltungen des Unbewußten*) und interpretiert dadurch eine wesentliche Eigentümlichkeit der GOETHEschen Psyche. Eine besondere Feinheit hierbei ist die Bemerkung ECKERMANNS, daß die beschwingte und leicht gehörnte Figur des Mephisto ihn an Mercurius erinnere. Diese Observation steht in bester Übereinstimmung mit der alchemistischen Natur und Essenz des GOETHEschen Hauptwerks. (Ich verdanke diese Auffrischung meines Gedächtnisses in bezug auf die ECKERMANNschen Gespräche einer freundlichen Anmerkung meines Kollegen W. KRANEFELDT.)

sen, Hilfreichen und Erlösenden, anderenteils des Magiers, Blenders, Verführers und Teufels. Dieses Bild ist dem Unbewußten seit Urzeiten eingegraben, wo es schläft, bis die Gunst oder Ungunst der Zeit es weckt, nämlich dann, wenn ein großer Irrtum das Volk vom richtigen Wege ablenkt. Denn wo Abwege sich auftun, bedarf es des Führers und Lehrmeisters und sogar des Arztes. Der verführende Irrweg ist das Gift, das zugleich Heilmittel sein könnte, und der Schatten des Erlösers ist ein teuflischer Zerstörer. Diese Gegenkraft wirkt sich zunächst am mythischen Arzte selber aus: der wundenheilende Arzt ist selber der Träger einer Wunde, wofür Chiron das klassische Beispiel ist [20]. Im christlichen Bereich ist es die Seitenwunde Christi, des großen Arztes. Faust aber ist – charakteristischerweise – unverwundet, vom moralischen Problem unberührt: man kann beides, hochgemut und teuflisch sein, wenn man seine Persönlichkeit zu spalten vermag, und nur dann ist man imstande, sich «sechstausend Fuß jenseits von Gut und Böse» zu fühlen. Für die Entschädigung, die dem Mephisto damals scheinbar entging, wurde hundert Jahre später eine blutige Rechnung präsentiert. Aber wer glaubt noch im Ernste, daß der Dichter die Wahrheit aller ausspricht? In welchem Rahmen müßte man dann das Kunstwerk betrachten?

Der Archetypus ist an sich weder gut noch böse. Er ist ein moralisch 160
indifferentes Numen, welches erst durch den Zusammenstoß mit dem Bewußtsein zu dem einen oder dem anderen, oder zu einer gegensätzlichen Zweiheit wird. Diese Entscheidung zum Guten oder zum Bösen wird wissentlich oder unwissentlich von der menschlichen Einstellung herbeigeführt. Es gibt viele solcher Urbilder, die aber alle solange nicht in den Träumen der Einzelnen und nicht in den Werken der Kunst erscheinen, als sie nicht durch die Abweichung des Bewußtseins vom mittleren Weg erregt werden. Verirrt sich aber das Bewußtsein in eine einseitige und darum falsche Einstellung, so werden diese «Instinkte» belebt und senden ihre Bilder in die Träume der Einzelnen und die Gesichte der Künstler und Seher, um damit das seelische Gleichgewicht wieder herzustellen.

So erfüllt sich das seelische Bedürfnis des Volkes im Werke des 161
Dichters, und darum bedeutet das Werk dem Dichter in Tat und Wahr-

[20] Zu diesem Motiv vgl. KERÉNYI, *Der göttliche Arzt*, p. 84 ff.

heit mehr als sein persönliches Schicksal, ob er sich dessen nun bewußt sei oder nicht. Er ist in tiefstem Sinne Instrument und deshalb unterhalb seines Werkes, weshalb wir von ihm auch niemals eine Deutung seines eigenen Werkes erwarten dürfen. Er hat sein Höchstes geleistet mit der Gestaltung. Die Deutung muß er anderen und der Zukunft überlassen. Das große Werk ist wie ein Traum, der trotz aller Offenkundigkeit sich selbst nicht deutet und auch niemals eindeutig ist. Kein Traum sagt: «Du sollst» oder «das ist die Wahrheit»; er stellt ein Bild hin, wie die Natur eine Pflanze wachsen läßt, und es ist uns überlassen, daraus Schlüsse zu ziehen. Wenn einer einen Angsttraum hat, so hat er entweder zuviel Angst oder zuwenig, und wenn einer von einem weisen Lehrer träumt, so ist er entweder zu lehrhaft oder bedarf des Lehrers. Und beides ist subtil dasselbe, wessen einer nur dann inne wird, wenn er das Kunstwerk annähernd so auf sich wirken läßt, wie es auf den Dichter wirkte. Um seinen Sinn zu verstehen, muß man sich von ihm gestalten lassen, wie es den Dichter gestaltet hat. Und dann verstehen wir auch, was sein Urerlebnis war: er hat jene heilsame und erlösende seelische Tiefe berührt, wo noch kein Einzelner zur Einsamkeit des Bewußtseins sich abgesondert hat, um einen leidensvollen Irrweg einzuschlagen; wo noch alle in derselben Schwingung begriffen sind, und darum Empfinden und Handeln des Einzelnen noch in alle Menschheit hinausreicht.

162 Das Wiedereintauchen in den Urzustand der «participation mystique» ist das Geheimnis des Kunstschaffens und der Kunstwirkung, denn auf dieser Stufe des Erlebens erlebt nicht mehr der Einzelne, sondern das Volk, und es handelt sich dort nicht mehr um das Wohl und Wehe des Einzelnen, sondern um das Leben des Volkes. Darum ist das große Kunstwerk sachlich und unpersönlich und berührt uns doch aufs tiefste. Darum ist das Persönliche des Dichters bloß Vorteil oder Hemmnis, aber nie wesentlich für seine Kunst. Seine persönliche Biographie kann die eines Philisters, eines braven Mannes, eines Neurotikers, eines Narren oder eines Verbrechers sein: interessant und unvermeidlich, aber hinsichtlich des Dichters unwesentlich.

VIII

«ULYSSES» EIN MONOLOG[1]

Vorbemerkung des Autors

Dieser in der *«Europäischen Revue»* erstmals abgedruckte literarische Essay ist keine wissenschaftliche Abhandlung, sowenig wie das nachfolgende Aperçu über PICASSO. Wenn ich es trotzdem in die Sammlung der *«Psychologischen Abhandlungen»* aufnehme, so geschieht es darum, weil der *«Ulysses»* ein wesentliches und für unsere Zeit kennzeichnendes document humain und meine Meinungsäußerung darüber ein psychologisches Dokument ist, welches Ideen, die in meinen Werken eine nicht unbeträchtliche Rolle spielen, in praktischer Anwendung auf einen konkreten Stoff zeigt. Mein Essay entbehrt nicht nur der Wissenschaftlichkeit, sondern auch jeglicher didaktischer Absicht, und darum wolle ihm der Leser nur das Interesse einer subjektiven und unverbindlichen Meinungsäußerung zumessen.

Der Titel bezieht sich auf JAMES JOYCE und nicht auf den Vielum- 163
hergetriebenen und Erfindungsreichen der Homerischen Vorzeit, der mit List und Tat sich der Feindschaft und Rache der Götter und Menschen zu entziehen wußte und nach mühseliger Fahrt zum heimischen Herde zurückkehrte. Der JOYCEsche Ulysses ist in strengstem Gegensatz zu seinem antiken Namensvetter ein tatenloses, bloß wahrnehmendes Bewußtsein, ja ein bloßes Auge, ein Ohr, eine Nase, ein Mund, ein Tastnerv, wahl- und hemmungslos dem brausenden, chaotischen, irrsinnigen Katarakt seelischer und physischer Gegebenheiten ausgesetzt und diese – beinahe – photographisch registrierend.

[1] [Zur Entstehung des Essays vgl. Anhang, pp. 146 ff., des vorliegenden Bandes. Erstmals erschienen in: *Europäische Revue* VIII (Berlin, September 1932). Dann in: C. G. JUNG, *Wirklichkeit der Seele* (vgl. Bibliographie). Die Zitate aus *Ulysses* sind der 10. Auflage entnommen, obschon JUNG das Buch seit seinem ersten Erscheinen 1922 kannte (vgl. Paragr. 171 dieses Bandes).]

164 *«Ulysses»* [2] ist ein Buch, das 735 Seiten lang daherflutet; ein Zeitstrom von 735 Stunden oder Tagen oder Jahren, die aus einem einzigen, sinnlosen Allerweltsalltag, dem tief belanglosen 16. Juni 1904 in Dublin, bestehen, an welchem im Grunde genommen nichts geschieht. Der Strom beginnt im Nichts und endet im Nichts. Eine einzige, ungeheuer lange, aufs intrikateste verwickelte und zum Entsetzen des Lesers niemals ausgeschöpfte Strindbergsche Wahrheit über das *Wesen* des menschlichen Lebens? Vielleicht über das «Wesen», sicher aber über die zehntausend Oberflächen und ihre hunderttausend Unterschattierungen. Es gibt auf diesen 735 Seiten, so weit mein Blick reicht, keine sinnfälligen Wiederholungen, keine einzige selige Ruheinsel, wo der geneigte Leser, erinnerungstrunken, sich hinsetzen und einen zurückgelegten Weg – sagen wir von etwa hundert Seiten – mit Befriedigung betrachten könnte, wäre es auch nur die Erinnerung an ein Gemeinplätzchen, das sich freundlich an unerwarteter Stelle wieder eingeschlichen hätte; nein, ein erbarmungsloser, ununterbrochener Strom wälzt sich vorüber, dessen Geschwindigkeit oder Ununterbrochenheit sich auf den letzten 40 Seiten sogar bis zur Interpunktionslosigkeit steigert, um die atemberaubende oder erstickende, bis zur Unerträglichkeit gefüllte oder gespannte Leere aufs grausamste zum Ausdruck zu bringen. Diese durchaus hoffnungslose Leere ist der Grundton des ganzen Buches. Es beginnt und endet nicht nur im Nichts, es besteht auch aus lauter Nichtsen [3]. Es ist alles höllisch nichtig, eine geradezu brillante Ausgeburt der Hölle, wenn man das Buch unter dem Gesichtswinkel eines technischen Kunststückes betrachtet [4].

165 Ich hatte einen alten Onkel, welcher durchaus geradlinig dachte. Er stellte mich einmal auf der Straße und fragte: «Weißt du, womit der Teufel die Seelen in der Hölle plagt?» Ich verneinte, worauf er sagte: «Er läßt sie warten.» Sprach's und ging seines Weges. Diese Bemerkung fiel mir ein, als ich erstmals durch den *«Ulysses»* pflügte. Jeder

[2] Englische Ausgabe, 10. Aufl. Paris 1928.

[3] JOYCE spricht es selber aus (*Work in Progress*, in: *transition* [Paris]): «We may come, touch and go, from atoms and ifs, but we are presurely destined to be odds without ends.»

[4] CURTIUS (*James Joyce und sein Ulysses*, Zürich 1929) nennt den *Ulysses* ein «luziferisches Buch ... Es ist ein Werk des Antichrist.»

Satz ist eine Erwartung, die sich nicht erfüllt; schließlich erwartet man aus lauter Resignation schon gar nichts mehr, und zu seinem nochmaligen Entsetzen wird man allmählich gewahr, daß man tatsächlich das Richtige trifft. Tatsächlich geschieht nichts, es ergibt sich nichts [5], und doch zieht einen geheime Erwartung im Widerstreit mit hoffnungsloser Resignation von Seite zu Seite. Die 735 Seiten, die nichts enthalten, bestehen beileibe nicht aus weißem Papier, sondern aus engbedrucktem. Man liest und liest und liest, und man meint zu verstehen, was man liest. Gelegentlich fällt man durch ein Luftloch in einen neuen Satz – aber man gewöhnt sich an alles, wenn man einmal den richtigen Ergebenheitsgrad erreicht hat. So las auch ich mit Verzweiflung im Herzen bis zu Seite 135, wobei ich zweimal einschlief. Die unerhörte Vielfältigkeit des JOYCEschen Stiles wirkt monoton und hypnotisch. Nichts kommt dem Leser entgegen, alles wendet sich von ihm ab und läßt ihm das Nachgaffen. Es lebt auf und davon, nicht in sich selbst vergnügt, sondern ironisch, sarkastisch, giftig, verächtlich, traurig, verzweifelt, erbittert, und zieht darum verderblicherweise die Sympathie des Lesers nach, wenn nicht hilfreicher Schlaf diese Energieverschwendung gütig unterbräche. Auf Seite 135 [6] angelangt, verfiel ich endgültig in Tiefschlaf, nach verschiedenen heroischen Anstrengungen, dem Buche nahezukommen oder ihm «gerecht zu werden», wie man so

[5] CURTIUS: «Ein metaphysischer Nihilismus ist die Substanz von Joyces Werk.» l. c., p. 60 f.

[6] Das Zauberwort, das einen Schlafdorn in mich senkte, findet sich p. 134 unten und p. 135 oben. Es heißt: *«that stony effigy in frozen music, horned and terrible, of the human form divine, that eternal symbol of wisdom and prophecy which, if aught that the imagination or the hand of sculptor has wrought in marble of soultransfigured and of soultransfiguring deserves to live, deserves to live.»* Hier blättere ich schlaftrunken eine Seite um, und mein Blick fiel auf folgende Stelle: «a man supple in combat: stonehorned, stonebearded, heart of stone.» Der Satz bezieht sich auf Moses, der sich von der Macht Ägyptens nicht verblüffen ließ. Diese Sätze enthielten das Narkotikum, das mein Bewußtsein ausschaltete, denn sie regten einen mir noch unbewußten Gedankengang an, den das Bewußtsein nur gestört hätte. Wie ich dann später entdeckte, dämmerte mir hier zum erstenmal die Erkenntnis von der Einstellung des Autors und von der endlichen Idee seines Werkes.

zu sagen pflegt. Als ich nach längerer Zeit wieder erwachte, hatten sich meine Ansichten soweit geklärt, daß ich das Buch nunmehr von hinten zu lesen anfing. Diese Methode erwies sich als ebenso anwendbar wie die gewöhnliche, das heißt das Buch kann auch von hinten gelesen werden, denn es gibt kein Vorwärts und kein Rückwärts in ihm, kein Oben und kein Unten. Alles hätte schon so gewesen sein oder noch so werden können in der Zukunft [7]. Man kann eine Konversation mit ebensoviel Genuß von hinten lesen, denn man knickt keine Pointen. Sie hat als Ganzes gar keine, jeder Satz ist eine Pointe. Man kann auch mitten im Satz zu lesen aufhören – der vordere Teil des Satzes hat noch genug raison d'être, um lebensfähig zu sein oder zu scheinen. Der Wurmcharakter, der zum abgeschnittenen Kopfende einen Schwanz erzeugt und zum Schwanz einen Kopf, haftet dem ganzen Buch an.

166 Diese unerhörte und unheimliche Eigenschaft des JOYCEschen Geistes zeigt, daß sein Werk zur Klasse der Kaltblüter gehört und speziell zu den Würmern, die, wenn sie literaturbefähigt wären, aus Ermangelung eines Großhirnes den Sympathikus zum Schreiben benutzen würden [8]. Ich vermute, daß bei JOYCE etwas dergleichen vorliegt, also Eingeweidedenken [9] bei weitgehender Unterdrückung der Großhirntätigkeit, die in seinem Fall wesentlich auf *Wahrnehmung* beschränkt ist. Die

[7] Aufs höchste gesteigert in: *Work in Progress.* CAROLA GIEDION-WELCKER sagt treffend: «Immer wiederkehrende Ideen in ewig wechselnde, verwandelbare Hüllen getaucht und in eine absolut irreale Sphäre hineinprojiziert. Eine Allzeit, ein Allraum.» (*Neue Schweizer Rundschau* [Zürich 1929], p. 666.)

[8] In der JANETschen Psychologie nennt man dieses Phänomen «abaissement du niveau mental». Bei Geisteskranken ist es unwillkürlich, bei JOYCE künstlerisch beabsichtigtes Training, wodurch der Reichtum und der groteske Tiefsinn des Traumdenkens an die wahrnehmbare Oberfläche kommt, unter Ausschaltung der «fonction du réel», d. h. der angepaßten Bewußtheit. Daher das Überwiegen von seelischen und sprachlichen Automatismen und die gänzliche Vernachlässigung von Mitteilbarkeit und ansprechendem Sinn.

[9] Ich glaube, STUART GILBERT (*Das Rätsel Ulysses*, Zürich 1932) hat recht, wenn er annimmt, daß jedes Kapitel neben anderen auch durch die Dominante eines Eingeweides oder Sinnesorgans präsidiert sei. Er führt an: Niere, Genitalien, Herz, Lunge, Speiseröhre, Gehirn, Blut, Ohr, Muskel, Auge, Nase, Gebärmutter, Nerven, Skelett, Fleisch. Diese Dominante funktioniert

Tätigkeit der Sinnessphären bei Joyce muß man rückhaltlos bewundern: was und wie er sieht, hört, schmeckt, riecht und tastet, ist über die Maßen erstaunlich, außen gleicherweise wie innen. Der gewöhnliche Sterbliche beschränkt sich in der Regel, wenn er Sinnessphären- oder Wahrnehmungsspezialist ist, entweder auf das Außen oder auf das Innen. Joyce kennt beides. Die Girlanden subjektiver Assoziationsreihen verschlingen sich mit den objektiven Figuren einer Dubliner Straße. Objektives und Subjektives, Äußeres und Inneres durchdringen sich gegenseitig und beständig, so sehr, daß bei aller Klarheit des Einzelbildes es zuletzt doch zweifelhaft bleibt, ob es sich um einen physischen oder einen transzendentalen Bandwurm handelt [10]. Der Bandwurm ist ein ganzer Lebenskosmos für sich und besitzt eine fabulose Fruchtbarkeit; ein, wie mir scheint, unschönes, doch nicht ganz unpassendes Bild für Joycesche Kapitel. Der Bandwurm kann zwar nichts anderes als neue Bandwürmer erzeugen, aber diese in unerschöpflicher Fülle. Joyces Buch könnte ebensogut 1470 Seiten lang sein oder ein Vielfaches davon, und noch wäre die Unendlichkeit um keinen Tropfen vermindert, und noch wäre das Wesentliche nicht gesagt. Will aber Joyce etwas Wesentliches sagen? Hat dieses altmodische Vorurteil hier noch eine Daseinsberechtigung? Oscar Wilde hält das Kunstwerk für etwas gänzlich Unnützliches. In unserer Zeit hätte sogar der Bildungsphilister dagegen nichts einzuwenden; aber sein Herz erwartet doch etwas «Wesentliches» vom Kunstwerk. Wo steckt dieses aber bei Joyce? Warum sagt er's nicht? Warum hält er es nicht dem Leser hin, mit ausdrucksvoller Gebärde darauf hinweisend – eine «semita sancta ubi stulti non errent» [11]?

Ja, ich fühlte mich verdummt und geärgert. Das Buch wollte mir 167
nicht entgegenkommen, nichts machte auch nur den leisesten Versuch, sich zu empfehlen, und das verursacht irritierende Minderwertigkeits-

wie ein Leitmotiv. Ich habe obige Sätze über das Eingeweidedenken 1930 niedergeschrieben. Gilberts Nachweis ist mir darum eine wertvolle Bestätigung der psychologischen Tatsache, daß beim «abaissement du niveau mental» die von Wernicke aufgestellten «Organrepräsentanten» in Erscheinung treten.

10 Curtius, l. c., p. 30: «Er reproduziert den Strom des Bewußtseins, ohne ihn logisch oder ethisch zu filtrieren.»

11 [«rechter Weg, auf dem die Dummen nicht irregehen können»]

gefühle beim Leser. Das Bildungsphilisterium liegt mir offenbar dermaßen im Blute, daß ich naiverweise von einem Buch voraussetze, es wolle mir etwas sagen und es wolle verstanden sein – offenbar ein mythologischer Anthropomorphismus, auf das Objekt, das Buch, projiziert! Überhaupt dieses Buch, über das man keine Meinung haben kann – Inbegriff einer ärgerlichen Niederlage des intelligenten Lesers, der doch schließlich auch nicht... (um mich des suggestiven JOYCEschen Stiles zu bedienen). Ein Buch hat doch einen Inhalt, stellt etwas dar, aber ich verdächtige JOYCE, daß er gar nicht «darstellen» wollte. Hat es am Ende *ihn* dargestellt – und darum vielleicht diese zweitlose Einsamkeit, diese Prozedur ohne Augenzeugen, diese irritierende Unhöflichkeit dem beflissenen Leser gegenüber? JOYCE hat meinen Unwillen erregt. (Man soll den Leser nie mit dessen eigener Dummheit konfrontieren – *«Ulysses»* aber hat es zuwege gebracht.)

168 Ein Psychotherapeut, wie ich, treibt immer Therapie, auch an sich selber. Irritation bedeutet: «Du hast noch nicht dahinter gesehen». Daher folge man seinem Ärger und breite vor sich aus, was die schlechte Laune eingibt: Diese Unbekümmertheit also, diese Rücksichtslosigkeit gegen den wohlwollenden, verstehen-wollenden, gütigen und gerechten Versuch[12] eines gebildeten, intelligenten Publikumsrepräsentanten, dieser Solipsismus gibt mir auf die Nerven. Das ist es ja, diese kaltblütige Unbezogenheit seines Geistes, die den Regionen von den Eidechsen an abwärts zu entstammen scheint – Unterhaltung in und mit den eigenen Eingeweiden – ein Steinmensch, eben jener steingehörnte, steinbebartete, versteinerte-Eingeweide-habende Moses, der in steinerner Gelassenheit den Fleischtöpfen sowohl wie dem Pantheon Ägyptens den Rücken dreht und damit auch des Lesers bestes Wohlwollensgefühl ruchlos verletzt.

169 Aus dieser steinernen Unterwelt steigt die Vision des peristaltischen, wellengeschlängelten Bandwurms, der monoton wirkt wegen seiner ewigen Proglottidenproduktion. Kein Proglottide zwar ist dem anderen ganz gleich, jedoch sind sie zum Verwechseln ähnlich. In jedem auch noch so kleinen Teil des Buches ist JOYCE er selbst und zugleich der alleinige Inhalt des Abschnittes. Alles ist neu und stets das von Anfang

[12] CURTIUS, l. c., p. 8: «Der Autor hat alles vermieden, was dem Leser das Verständnis erleichtern könnte.»

an Vorhandene. Höchste Naturgebundenheit! Welcher Reichtum und welche – Langeweile! Joyce langweilt mich zu Tränen, aber es ist eine böse, gefährliche Langeweile, wie sie auch die ärgste Banalität nicht hervorbringen könnte. Es ist die Langeweile der Natur, das öde Sausen des Windes um die Felsklippen der Hebriden, das Sonnenauf- und -untergehen der Sahara, das Rauschen des Meeres – ganz richtig, wie Curtius sagt, «Wagnersche Motivmusik» und doch ewige Wiederholung. Trotz all der verblüffenden Mannigfaltigkeit gibt es bei Joyce (unbeabsichtigte?) Motive. Er möchte vielleicht keine haben; denn Kausalität wie Finalität haben in seiner Welt weder Raum noch Sinn, so wenig wie Werte. Motive aber sind unvermeidlich, sie sind das Skelett alles seelischen Geschehens, so sehr man sich auch bemühe, dem Geschehen die Seele auszulaugen, wie dies Joyce mit Konsequenz tut. Alles erscheint, als ob es seelenlos wäre, alles warme Blut ist erkaltet, und in eisigem Egoismus rollen Geschehnisse vorüber – und was für Geschehnisse! Auf alle Fälle nichts Liebliches, nichts Erquickendes, nichts Hoffnungsvolles, sondern Graues, Grausiges, Grauenhaftes, Pathetisches, Tragisches und Ironisches, alles Erlebnisse der Schattenseite, dermaßen chaotisch, daß man Motivzusammenhänge mit der Lupe suchen muß. Und doch sind sie vorhanden, zunächst in Form uneingestandener Ressentiments persönlichster Natur, Überreste einer mit Gewalt abgeschnittenen Jugendgeschichte; Ruinen der Geistesgeschichte überhaupt, in ihrem erbärmlichen nackten So-Sein der gaffenden Menge exhibiert. Die religiöse, erotische und familiäre Vorgeschichte spiegelt sich auf trüben Flächen des Stromes der Ereignisse; ja sogar die Zersetzung seiner Persönlichkeit in den banal-materiellen Empfindungsmenschen Bloom und den beinahe gasförmigen, spekulativen Geistesmenschen Stephen Daedalus, wobei ersterer keinen Sohn und letzterer keinen Vater hat, wird offenbar.

Irgendwelche geheimen Ordnungen oder Entsprechungen der Kapi- 170
tel mögen vorhanden sein – es bestehen in dieser Hinsicht anscheinend begründete Vermutungen [13] – jedenfalls aber sind sie so gut verhüllt, daß ich zunächst nichts davon wahrgenommen habe. Mein gereiztes Unvermögen hätten sie auch gar nicht interessiert, genausowenig wie die Monotonie irgendeiner menschlichen Durchschnittskomödie.

[13] Vgl. Curtius, l. c., p. 25 ff., und Gilbert, l. c.

171 Der *«Ulysses»*, den ich schon 1922 in der Hand und nach nicht allzuviel Lektüre enttäuscht und geärgert wieder weggelegt hatte, langweilt mich auch heute noch wie damals. Warum ich aber über ihn schreibe? Ich hätte dies ebensowenig getan wie über irgendeine andere Form von «surréalisme» (was ist surréalisme?), die mein Verständnis übersteigt. Ich schreibe über JOYCE, weil ein Verleger die Unvorsichtigkeit begangen hat, mich zu fragen, was ich über ihn denke, respektive über den *«Ulysses»*, über welchen bekanntlich die Meinungen noch geteilt sind. Unzweifelhaft ist einzig, daß der *«Ulysses»* ein Buch von zehn Auflagen ist und daß sein Autor teils verhimmelt, teils verdammt wird. Aber er steht im Mittelpunkt der Diskussion und bedeutet darum auf alle Fälle ein Phänomen, an dem der Psychologe nicht ohne weiteres vorübergehen sollte. JOYCE hat eine ganz erhebliche Wirkung auf seine Zeitgenossen. Und das ist die Tatsache, die mich am *«Ulysses»* zunächst am meisten interessierte. Wäre dieses Buch sang- und klanglos in der Tiefe der Vergessenheit verschwunden, so hätte ich es wohl nicht mehr zurückgeholt: es ärgerte mich ausgiebig, amüsierte mich ein wenig, in der Hauptsache aber bedeutete es mir bedrohliche Langeweile; ich fürchtete nämlich, es sei eine Geburt negativer Schöpferlaune, denn es wirkte nur negativ auf mich.

172 Ich bin aber voreingenommen. Ich bin Psychiater, und das bedeutet professionelle Voreingenommenheit aller seelischen Erscheinung gegenüber. Davor warne ich den Leser: die menschliche Durchschnittstragikomödie, die kalte Schattenseite das Daseins, das trübe Grau des seelischen Nihilismus sind mein tägliches Brot, eine abgeleierte Melodie, schal und ohne Reiz. Es erschüttert und ergreift mich nichts daran, denn ich habe solchem lamentablen Zustand zu oft beruflich abzuhelfen. Ich muß immer etwas dagegen tun und Mitleid nur da verschwenden, wo man mir nicht den Rücken kehrt. Der *«Ulysses»* kehrt mir den Rücken. Er will nicht; er will seine endlose Melodie ins Endlose weiter singen, die Melodie, die ich bis zum Überdruß kenne, zusammen mit dem sich stets wiederholenden Strickleitersystem des Eingeweidedenkens und der auf bloße Wahrnehmung beschränkten Gehirntätigkeit, ein Zustand, der sich selbst bestätigen will und keinen Ansatz zur Rekonstruktion zeigt. (Der Leser fühlt sich peinlichst übergangen.) Das Zerstörerische scheint zum Selbstzweck erhoben zu sein.

Aber nicht nur das, sondern auch die Symptomatologie! Allzube- 173
kanntes klingt an: das sind die endlosen Schriftstücke der Geisteskranken, die nur über ein fragmentarisches Bewußtsein verfügen und daher an völliger Urteilslosigkeit und Wertatrophie leiden. Dafür tritt oft eine Erhöhung der Sinnestätigkeit ein: akkurateste Beobachtung, photographisches Gedächtnis für Wahrnehmungen, Sinnesneugierde nach innen und außen und das Überwiegen retrospektiver Motive und Ressentiments, deliriöse Durcheinandermischung von subjektiv Psychischem mit objektiver Wirklichkeit, eine Darstellung, die mit ihren Wortneubildungen, fragmentarischen Zitaten, klang- und sprachlichmotorischen Assoziationen, abrupten Übergängen und Sinnesunterbrechungen auf den Leser nicht die geringste Rücksicht nimmt, und eine Atrophie des Gefühles [14], die vor keiner Ungereimtheit und keinem Zynismus zurückschreckt. Es dürfte auch dem Laien nicht allzu schwer fallen, die Analogie des schizophrenen Geisteszustandes mit dem des *«Ulysses»* zu sehen. Die Ähnlichkeit ist sogar so bedenklich, daß ein unwilliger Leser leicht das Buch mit der Diagnose «Schizophrenie» zur Seite legt. Für den Psychiater ist die Analogie frappant; immerhin aber würde er hervorheben, daß ein für geisteskranke Produkte charakteristisches Merkmal, die Stereotypie, in auffallendem Maße fehlt. *«Ulysses»* ist alles, nur nicht monoton im Sinne der Wiederholung. (Das ist kein Widerspruch zu dem früher Gesagten. Man kann über den *«Ulysses»* überhaupt nichts Widerspruchsvolles sagen.) Die Darstellung ist konsequent und fließend, alles ist bewegt und nichts ist fixiert. Das Ganze ist getragen von einem unterirdischen, lebendigen Flusse, der einheitliche Tendenz und strengste Wahl zeigt; ein unverkennbares Anzeichen für das Bestehen eines einheitlichen, persönlichen Willens und einer zielgerichteten Absicht! Die geistigen Funktionen erscheinen nicht spontan und wahllos, sondern unterliegen strengster Kontrolle. Durchwegs sind die Wahrnehmungsfunktionen, Empfindung und Intuition, vorgezogen, während die Urteilsfunktionen, Denken und Fühlen, ebenso konsequent unterdrückt sind. Letztere erscheinen bloß als Inhalte, als Objekte der Wahrnehmung. Die allgemeine Tendenz, ein Schattenbild von Geist und Welt herauszustellen, ist durchgehend, trotz häufiger Versuchung, einer auftauchenden Schönheit zu erliegen,

[14] GILBERT, l. c., p. 12, spricht von «absichtlicher Gefühlsdeflation».

festgehalten. Das sind Züge, die sich beim gewöhnlichen Geisteskranken nicht finden. Es bliebe also noch der *ungewöhnliche* Geisteskranke. Bei diesem fehlt aber dem Psychiater das Kriterium. Geistige Abnormität kann auch eine dem Durchschnittsverstand unfaßbare Gesundheit oder überlegene Geisteskraft sein.

174 Es würde mir nie einfallen, den *«Ulysses»* für ein schizophrenes Produkt zu erklären. Überdies wäre damit auch nichts gewonnen, denn wir wollen ja wissen, warum der *«Ulysses»* so große Wirkung hat, und nicht, ob der Autor in leichterem oder schwererem Grade schizophren sei. Der *«Ulysses»* ist ebensowenig ein krankhaftes Produkt wie die ganze moderne Kunst. Er ist in tiefstem Sinne «kubistisch», indem er das Bild der Wirklichkeit in ein unabsehbar komplexes Gemälde auflöst, dessen Grundton die Schwermut abstrakter Sachlichkeit ist. Kubismus ist nicht Krankheit, sondern Tendenz, ob er nun die Wirklichkeit grotesk gegenständlich oder ebenso grotesk abstrakt wiedergibt. Das Krankheitsbild der Schizophrenie ist eine bloße Analogie dazu, indem der Schizophrene anscheinend dieselbe Tendenz hat, die Wirklichkeit sich zu entfremden, oder – umgekehrt – sich der Wirklichkeit zu entfremden. Bei ihm ist es allerdings in der Regel nicht erkennbare Absicht, sondern ein Symptom, das sich aus der ursprünglichen Zersetzung der Persönlichkeit in Persönlichkeitsfragmente (sogenannte autonome Komplexe) mit Notwendigkeit ergibt. Beim modernen Künstler ist es nicht individuelle Krankheit, welche diese Tendenz erzeugt, sondern *Zeiterscheinung*. Er gehorcht keinem individuellen Impuls, sondern einer kollektiven Strömung, die allerdings nicht unmittelbar im Bewußtsein, sondern vielmehr im kollektiven Unbewußten der modernen Psyche ihre Quelle hat. Weil es sich um eine kollektive Erscheinung handelt, so wirkt sie sich auch auf den verschiedensten Gebieten identisch aus, in der Malerei sowohl wie in der Literatur, in der Skulptur sowohl wie in der Architektur. (Es ist übrigens bezeichnend, daß einer der geistigen Väter dieser Erscheinung ein wirklicher Geisteskranker war – VAN GOGH.)

175 Die Verhunzung von Schönheit und Sinn durch groteske Sachlichkeit oder durch ebenso groteske Unwirklichkeit ist beim Kranken eine Folgeerscheinung der Zerstörung seiner Persönlichkeit, beim Künstler aber schöpferische Absicht. Ferne davon, in seiner Kunstschöpfung den Ausdruck der Zerstörung seiner Persönlichkeit zu erleben und zu erlei-

den, findet der moderne Künstler im Zerstörerischen geradezu die Einheit seiner künstlerischen Person. Die mephistophelische Verkehrung von Sinn in Unsinn, von Schönheit in Häßlichkeit, die beinahe schmerzhafte Sinnähnlichkeit des Unsinns und die geradezu aufreizende Schönheit des Häßlichen drücken einen Schöpferakt aus, den die Geistesgeschichte in ähnlichem Ausmaß noch nicht erlebt hat, obschon er an und für sich nichts prinzipiell Neues ist. Etwas Ähnliches beobachten wir in der perversen Stiländerung AMENOPHIS' IV., in der blöden Lämmchensymbolik des ersten Christentums, in der jammervollen Menschengestalt der präraphaëlitischen Primitiven und in der sich selbst erstickenden Verschnörkelung des ausgehenden Barocks. Trotz ihrer äußersten Verschiedenheit haben alle diese Epochen eine innere Verwandtschaft: es sind schöpferische Inkubationszeiten, deren Sinn durch kausale Betrachtung ganz unbefriedigend erklärt ist. Solch kollektive psychologische Erscheinungen enthüllen ihren Sinn nur dann, wenn sie als Antizipationen, das heißt teleologisch betrachtet werden.

Die Epoche des AMENOPHIS (Echnaton) ist die Wiege des ersten 176
Monotheismus, der durch jüdische Tradition der Welt erhalten blieb. Der barbarische Infantilismus des frühen Christentums bedeutete nichts anderes als die Verwandlung des römischen Imperiums in einen Gottesstaat. Die Primitiven sind die eigentlichen Vorläufer einer seit der frühen Antike aus der Welt verschwundenen, unerhörten leiblichen Schönheit. Der Barock ist der letzte lebendige Kirchenstil, der in seiner Selbstzerstörung die Überflügelung des mittelalterlichen dogmatischen Geistes durch den wissenschaftlichen Geist vorwegnimmt. Ein TIEPOLO, der bereits die Gefahrgrenze der malerischen Darstellung erreicht, ist, als künstlerische Persönlichkeit betrachtet, keine Zerfallserscheinung, sondern arbeitet in schöpferischer Ganzheit auf eine nötig werdende Zersetzung hin. Die Abwendung des frühen Christen von Kunst und Wissenschaft seiner Zeit bedeutet für diesen keine Verödung, sondern menschlichen Gewinn.

Deshalb dürfen wir nicht nur dem *«Ulysses»*, sondern auch der ihm 177
geistesverwandten Kunst überhaupt positiven schöpferischen Wert und Sinn beimessen. In bezug auf Zerstörung bisheriger Kriterien von Schönheit und Sinn leistet der *«Ulysses»* Hervorragendes. Er beleidigt das hergebrachte Gefühl, er brutalisiert die bisherige Erwartung von Sinn und Inhalt, er ist ein Hohn auf alle Synthese. Es wäre Übelwollen,

in ihm irgendwelche Synthese oder «Gestaltung» auch nur zu wittern, denn – gelänge der Nachweis solch unmoderner Tendenzen – dann hätte man dem *«Ulysses»* einen empfindlichen Schönheitsfehler nachgewiesen. Alles, was man über den *«Ulysses»* zu schimpfen hat, beweist dessen Qualität; denn man schimpft aus dem Ressentiment des Unmodernen, der nicht sehen will, was ihm «die Götter» noch «gnädig verhüllen».

178 Das nicht zu Bändigende, das nicht Einzufangende, das bei NIETZSCHE in den dionysischen Überschwang emporschwoll und seinen psychologischen Intellekt (der dem Ancien Régime alle Ehre gemacht hätte) überflutete, kommt bei den Modernen endlich in reiner Form heraus. Selbst die dunkelsten Phasen des *«Faust»*, 2. Teil, *«Zarathustra»*, ja *«Ecce Homo»* noch, wollten sich der Welt so oder so empfehlen. Aber erst die Modernen haben es erreicht, die Kunst der Rückenseite, oder die Rückseite der Kunst zu erschaffen, das heißt jene Kunst, die sich nicht mehr, weder laut noch leise, empfiehlt, die endlich laut sagt, was es denn ist, das nicht mehr mittun will, die nun mit jenem widerspenstigen Gegenwillen spricht, der bei allen Vorläufern der Moderne (HÖLDERLIN nicht zu vergessen!) sich zwar zaghaft, aber doch merklich störend dazwischen drängte und alte Ideale zum Abbröckeln brachte.

179 Es ist wohl ganz unmöglich, aus einem einzelnen Gebiete heraus klar zu erkennen, worum es sich handelt. Wir haben es ja nicht mit einem einmaligen Anstoß, der irgendwo an einer bestimmten Stelle erfolgte, zu tun, sondern mit einer beinahe universalen Umschichtung des modernen Menschen, der offenbar eine ganze alte Welt abschüttelt. Da wir leider nicht in die Zukunft sehen können, so wissen wir nicht, inwiefern wir – im tiefsten Verstande genommen – noch zum Mittelalter gehören. Wenn wir – von der höheren Warte der Zukunft betrachtet – noch bis über die Ohren drinsteckten, so würde es mich wenigstens nicht wundern. Denn einzig ein solcher Sachverhalt könnte befriedigend erklären, warum es Bücher oder Kunstwerke in der Art des *«Ulysses»* gibt. Es sind überaus drastische Purganzen, deren volle Wirkung ins Leere verpuffen würde, wenn sie nicht auf einen entsprechenden hartnäckigen und verstockten Widerstand träfen. Es sind eine Art von psychologischen Drastika, die nur da Sinn haben, wo es sich um zähestes oder härtestes Material handelt. Sie haben das mit der FREUDschen

Theorie gemeinsam, daß sie mit fanatischer Einseitigkeit Werte unterhöhlen, die sowieso schon etwas überhängen.

Scheinbar von beinahe wissenschaftlicher Sachlichkeit, zum Teil 180
sogar «wissenschaftliche» Wortsprache benutzend, ist der *«Ulysses»* doch von wahrhaft unwissenschaftlicher Einseitigkeit, er ist bloße Negation. Aber als solche schöpferisch. Er ist *schöpferische Zerstörung,* keine herostratische Schauspielergeste, sondern eine ernsthafte Bemühung, die Wirklichkeit, wie sie *auch* ist, dem Zeitgenossen unter die Nase zu reiben, nicht mit böswilliger Absicht, sondern mit der unschuldsvollen Naivität der künstlerischen Sachlichkeit. Man darf das Buch ruhig pessimistisch nennen, wenn schon am alleräußersten Ende, ungefähr auf der letzten Seite, ein erlösendes Licht ahnungsvoll durch die Wolken bricht. Es ist nur *eine* Seite gegen 734, die alle dem Orkus entstiegen sind. Hie und da glänzt ein herrlicher Kristall im schwarzen Schlammstrom, wobei es auch dem Unmodernen aufgehen könnte, daß Joyce ein Künstler ist, der «es kann» – was beim heutigen Künstler keineswegs selbstverständlich ist –, der sogar ein Meister ist; aber ein Meister, der aus höherem Zwecke fromm auf sein bisheriges Können verzichtet. Joyce ist auch in der Umkehrung (nicht zu verwechseln mit «Bekehrung») ein frommer Katholik geblieben: er verwendet sein Dynamit hauptsächlich für Kirchen und sonstige von Kirchen erzeugte oder beeinflußte psychologische Strukturen. Seine «Gegen»-Welt ist die hochmittelalterliche, gänzlich provinzielle, eo ipso katholische Atmosphäre Erins, das sich seiner politischen Selbständigkeit krampfhaft zu freuen versucht. Aus allen fremden Ländern, in denen am *«Ulysses»* geschrieben wurde, hat der Autor treu und unverwandt auf Mutter Kirche und Irland zurückgeblickt, das fremde Land nur als Anker benutzend, der sein Schiff vor dem Mahlstrom seiner irischen Reminiszenzen und Ressentiments sichern mußte. Die Welt aber hat ihn – wenigstens im *«Ulysses»* – nie erreicht, nicht einmal als stillschweigende Voraussetzung. Ulysses sucht nicht sein Ithaka, sondern macht im Gegenteil verzweifelte Anstrengungen, sich seiner irischen Geburt zu entledigen.

Eigentlich ein nur lokal interessantes Gebaren, das die weitere Welt 181
kalt lassen könnte! Aber es läßt sie nicht kalt. Das lokale Phänomen scheint mehr oder weniger universell zu sein, nach seiner zeitgenössischen Wirkung zu urteilen. Also muß es auf die Zeitgenossen im allge-

meinen passen. Es muß eine Gemeinde Moderner geben, die so zahlreich sind, daß sie seit 1922 zehn Auflagen des *«Ulysses»* zu verschlingen vermochten. Das Buch muß ihnen etwas sagen, vielleicht sogar etwas offenbaren, was sie zuvor nicht wußten und nicht fühlten. Sie sind nicht höllisch gelangweilt durch das Buch, sondern gefördert, erfrischt, belehrt, bekehrt oder umgekehrt, offenbar in irgendeinen wünschenswerten Zustand versetzt, ohne den nur der bösartigste Haß es dem Leser ermöglichen könnte, das Buch von Seite 1 bis 735 mit Aufmerksamkeit und ohne fatale Schlafanfälle durchzulesen. Ich vermute daher, daß das mittelalterliche, katholische Irland eine mir bis jetzt unbekannte, unendlich viel größere geographische Ausdehnung hat, als auf den gewöhnlichen Landkarten angegeben ist. Dieses katholische Mittelalter mit seinen Messrs. Daedalus and Bloom scheint sozusagen universell zu sein, das heißt es muß beinahe Bevölkerungsklassen geben, die wie der *«Ulysses»* an geistige Örtlichkeit dermaßen verhaftet sind, daß es der JOYCEschen Sprengmittel bedarf, um ihre hermetische Abschließung zu durchbrechen. Ich bin davon überzeugt, daß dem so ist: man steckt noch tief im Mittelalter. Daran ist nicht zu rütteln. Darum bedarf es solcher Negativ-Propheten wie JOYCE (oder FREUD), um dem über und über präjudizierten mittelalterlichen Zeitgenossen die Auch-Wirklichkeit klarzumachen.

182 Diese gigantische Aufgabe würde der natürlich schlecht erfüllen, welcher mit christlichem Wohlwollen unwillige Augen auf die Schattenseite der Welt zu lenken versuchte. Das würde zu einer gänzlich unbeteiligten «Schau» führen. Nein – JOYCE ist darin ein Meister – diese Offenbarung muß mit der entsprechenden Einstellung geschehen. Einzig dadurch wird das Spiel negativer emotionaler Kräfte ausgelöst. Der *«Ulysses»* zeigt es, wie man NIETZSCHES «tempelschänderischen Griff rückwärts» machen muß. Er macht ihn vor, kalt und sachlich, dermaßen «entgöttert», wie selbst NIETZSCHE es nie träumte. All dies mit der stillen, aber durchaus richtigen Voraussetzung, daß die faszinierende Wirkung der geistigen Örtlichkeit nichts mit dem Verstande, sondern alles mit dem Gemüt zu tun hat! Man lasse sich nicht durch den Gedanken verwirren, daß JOYCE eine schauerlich öde, gott- und geistlose Welt zeige, und daß es darum unbegreiflich sei, wenn jemand auch nur irgend etwas Erquickliches aus seinem Buch herausholen könne. So seltsam dies klingen mag, so ist es doch wahr, daß die Welt des

«Ulysses» eine *bessere* ist als die Welt derer, welche hoffnungslos an das Düster ihrer geistigen Geburtsörtlichkeit gebunden sind. Wenn auch das Böse und Zerstörerische überwiegt, so lebt es doch am Lichte neben oder sogar vielleicht über dem «Guten», dem althergebrachten «Guten», das sich aber in der Wirklichkeit als ein unduldsamer Tyrann erweist, als ein illusionäres System von Vorurteilen, das den möglichen Reichtum des wirklichen Lebens aufs grausamste beschneidet und auf alle daran Verhafteten einen auf die Dauer unerträglichen Denk- und Gewissenszwang ausübt. «Sklavenaufstand in der Moral» wäre ein NIETZSCHEsches Motto für den *«Ulysses»*. Das Erlösende für den Gebundenen ist die «sachliche» Anerkennung seiner Welt und seines So-Seins. Wie der Edelbolschewist sich seiner Unrasiertheit freut, so beglückend ist es für den gebundenen Geist, es einmal objektiv sagen zu können, wie es in seiner Welt ist. Wohltat ist es dem Geblendeten, das Dunkel über das Licht zu setzen, und die grenzenlose Wüste ist das Paradies für den Gefangenen. Für den mittelalterlichen Menschen bedeutet es schlechthin Erlösung, einmal nicht mehr schön, gut und sinnvoll zu sein; denn für den Schattenmenschen sind Ideale keine schöpferischen Taten oder Leuchtfeuer auf hohen Bergen, sondern Zuchtmeister und Gefängnisse, eine Art von metaphysischer Polizei, ursprünglich von dem tyrannischen Hordenführer Moses auf dem Sinai oben ausgeklügelt und dann mit einem geschickten Bluff der Menschheit aufgezwungen.

Kausal betrachtet ist JOYCE ein Opfer der katholischen Autorität, 183
teleologisch aber ein Reformator, dem die Negation vorderhand genügt; ein Protestant, der bis auf weiteres von seinem Protest lebt. Kennzeichnend aber für den Modernen ist die Gefühlsatrophie, die sich erfahrungsgemäß immer dort als Reaktion findet, wo zuviel Gefühl und besonders zuviel falsches Gefühl vorhanden war. Die Gefühllosigkeit des *«Ulysses»* erlaubt den Rückschluß auf heillose Sentimentalität. Ist man heutzutage wirklich noch so sentimental?

Wiederum eine Frage, die man aus einer fernen Zukunft beantwor- 184
ten sollte! Immerhin haben wir einige Anhaltspunkte dafür, daß unser Sentimentenschwindel ganz ungebührliche Proportionen besitzt. Man denke an die geradezu katastrophale Rolle der populären Sentimente zur Kriegszeit! Man denke an unsere sogenannte Humanität! Wie sehr jeder einzelne das hilflose, aber nicht bedauernswerte Opfer seiner

Sentimente ist, davon hätte der Psychiater wohl das meiste zu sagen. Sentimentalität ist ein der Brutalität aufgesetzter Überbau. Die Gefühllosigkeit ist die dazugehörige Gegenposition, die unvermeidlich an denselben Mängeln leidet. Der Erfolg des *«Ulysses»* beweist, daß auch seine Gefühllosigkeit *positiv* wirkt; darum muß man auf ein vorhandenes Übermaß an Sentimenten schließen, deren Dämpfung dem Individuum als zuträglich erscheint. Ich bin ebenfalls aufs tiefste davon überzeugt, daß wir nicht nur im Mittelalter, sondern auch in Sentimentalität befangen sind und es deshalb durchaus begreiflich finden müssen, wenn ein Prophet kompensierender Gefühllosigkeit unserer Kultur ersteht. Propheten sind immer unsympathisch und haben in der Regel schlechte Manieren. Aber es heißt, daß sie bisweilen den Nagel auf den Kopf treffen. Es gibt bekanntlich die großen und die kleinen Propheten; zu welchen JOYCE nun gehört, darüber wird die Geschichte entscheiden. Der Künstler ist das Sprachrohr der seelischen Geheimnisse seiner Epoche, unwillkürlich, wie jeder echte Prophet, bisweilen unbewußt wie ein Somnambuler. Er wähnt, aus sich zu sprechen, aber der Geist der Epoche ist sein Wortführer, und was dieser sagt, *ist,* denn es wirkt.

185 Der *«Ulysses»* ist ein document humain unserer Zeit, und noch mehr: *er ist ein Geheimnis.* Wohl ist es wahr, daß er geistig Gebundene lösen kann, und daß seine Kälte die Sentimentalität, ja sogar das normale Gefühl bis ins Mark gefrieren läßt. Aber diese heilsamen Wirkungen erschöpfen sein Wesen nicht. Daß der Böse selber dem Werk zu Gevatter stand, ist ein interessantes Aperçu, befriedigt aber nicht. Es ist Leben darin, und Leben ist nie nur böse und zerstörerisch. Alles zwar, was wir zunächst an diesem Buch fassen können, ist negativ und auflösend, aber man ahnt etwas Unfaßbares, einen geheimen Zweck, der ihm Sinn verleiht und damit Güte. Sollte dieser bunte Wort- und Bilderteppich am Ende «symbolisch» sein? Ich meine – um Himmels willen – keine Allegorie, sondern Symbol als Ausdruck unfaßbarer Wesenheit. Wäre dem so, so müßte wohl irgendwo verborgener Sinn durchs seltsame Gewebe schimmern, hier und dort müßten Töne erklingen, die man zu anderen Zeiten und an anderen Orten auch schon vernommen, und wär's in seltenen Träumen oder in dunkeln Weisheiten vergessener Völker. Man kann diese Möglichkeit nicht bestreiten, aber ich kann den Schlüssel nicht finden. Das Buch scheint mir im Gegenteil

mit höchster Bewußtheit geschrieben; es ist kein Traum und keine Offenbarung des Unbewußten. Es ist sogar von stärkerer Absichtlichkeit und ausschließlicherer Tendenz als NIETZSCHES *«Zarathustra»* oder GOETHES *«Faust»*, 2. Teil. Das ist wohl der Grund, warum *«Ulysses»* der symbolische Charakter fehlt. Man ahnt zwar archetypische Hintergründe; hinter Daedalus und Bloom stehen wohl die ewigen Figuren des geistigen und des sinnlichen Menschen, Mrs. Bloom verdeckt vielleicht eine in Diesseitigkeit verstrickte Anima, Ulysses selber wäre der Held – aber das Werk zielt in keiner Weise auf diese Hintergründe, sondern eben gerade davon weg in die breiteste und hellste Bewußtheit. Es ist offenbar nicht symbolisch und will es unter keinen Umständen sein. Wäre es trotzdem in gewissen Partien symbolisch, so hätte das Unbewußte wohl dem Autor trotz größter Vorsicht einen Streich gespielt. Denn «symbolisch» heißt, daß unfaßbare, mächtige Wesenheit dem Objekt, sei es Geist oder Welt, verborgen innewohnt; und der Mensch macht eine verzweifelte Anstrengung, das außer ihm bestehende Geheimnis in einen Ausdruck zu bannen. Zu diesem Zweck muß er sich dem Objekt mit allen seinen Geisteskräften zuwenden und durch alle schillernden Hüllen dringen, um das in unbekannten Tiefen eifersüchtig versteckte Gold ans Tageslicht zu bringen.

Das Erschütternde am *«Ulysses»* aber ist, daß hinter Abertausenden 186
von Hüllen nichts steckt, daß er sich weder dem Geiste noch der Welt zuwendet, und daß er kalt wie der Mond, aus kosmischer Ferne schauend [15], die Komödie des Werdens, Seins und Vergehens sich abrollen läßt. Ich hoffe ernstlich, der *«Ulysses»* sei nicht symbolisch; denn sonst hätte er seinen Zweck verfehlt. Welch ängstlich gehütetes Geheimnis müßte es wohl sein, das 735 unerträgliche Seiten lang mit beispielloser Sorgfalt zugedeckt wurde? Besser, man verliere keine Zeit und Mühe an unfruchtbare Schatzgräberei. Es darf gar nichts dahinter sein, denn sonst wäre unser Bewußtsein wieder in Geist und Welt hineingerissen, Messrs. Daedalus and Bloom in Ewigkeit perpetuierend, genarrt von den zehntausend Oberflächen. Das eben will der *«Ulysses»* verhindern; er will ein Mondauge sein, ein vom Objekte gelöstes Bewußtsein, weder von Göttern noch von Wollust verhaftet, weder durch

[15] GILBERT, l. c., p. 406 [Anmerkungen]: «... den Kosmos sozusagen mit dem *Auge Gottes* zu schauen.» [Von JUNG gesperrt.]

Liebe noch durch Haß, weder durch Überzeugung noch durch Vorurteil gebunden. *«Ulysses»* sagt es nicht, aber er tut es: *Loslösung des Bewußtseins* [16] ist das Ziel, das hinter der Nebelwand dieses Buches aufdämmert. Das ist wohl das Geheimnis des neuen Weltbewußtseins, welches dem offenbar wird, der nicht die 735 Seiten gewissenhaft gelesen, sondern 735 Tage lang seine Welt und seinen Geist mit den Augen des Ulysses angeschaut hat. Diese Zeitspanne ist symbolisch zu verstehen – «eine Zeit, Zeiten, und eine halbe Zeit» –, es soll eine genügend lange Zeit sein, eine unbestimmte Dauer, in der sich die Wandlung zu vollziehen vermag. Die *Loslösung des Bewußtseins* – homerisch: der herrliche Dulder Odysseus, die Enge des Meeres zwischen Skylla und Charybdis durchschiffend, zwischen den Symplegaden Geist und Welt – im Dubliner Hades: zwischen Father John Conmee und dem Vizekönig von Irland «ein zerknüllter Zettel, der gleich wieder weggeworfen wird», den Liffey hinunterschwimmend: «Elijah, skiff, light crumpled throwaway, sailed eastward by flanks of ships and trawlers, amid an archipelago of corks beyond new Wapping street past Benson's ferry, and by the threemasted schooner *Rosevean* from Bridgewater with bricks [17].»

187 Diese Loslösung des Bewußtseins, diese Entpersönlichung der Persönlichkeit, könnte dies das Ithaka der JOYCEschen Odyssee sein?

188 Man möchte meinen, daß in einer Welt von lauter Nichtsen wohl einzig das Ich, JAMES JOYCE, übrigbleibe. Hat man aber bemerkt, daß unter all den unseligen Schatten-Ich ein einziges wirkliches Ich vorkommt? Gewiß, jede Figur im *«Ulysses»* ist von unübertrefflicher Wirklichkeit, sie könnten gar nicht anders sein, als sie sind; sie sind sie selbst in jeglicher Hinsicht, und doch haben sie kein Ich, keinen akut bewußten, so menschlichen Mittelpunkt, jene von warmem Herzblut umflossene Ich-Insel, die – ach – so klein und doch so lebenswich-

[16] GILBERT, l. c., hebt diese Loslösung ebenfalls hervor. Er sagt p. 11: «Heitere Loslösung bestimmt die Haltung des Dichters ...» (Hinter «heiter» muß ich ein Fragezeichen setzen.) «Alle geistigen oder materiellen, erhabenen oder lächerlichen Tatsachen besitzen für den Künstler denselben Wert... Diese Loslösung, die genau so absolut ist, wie die Gleichgültigkeit der Natur ihren Geschöpfen gegenüber, ist wohl eine der Ursachen des ‚Realismus' des *Ulysses.*» (p. 12)

[17] [p. 239.]

tig ist. Alle die Daedalus, Blooms, Harries, Lynchs, Mulligans und wie sie alle heißen, reden und wandeln wie in einem gemeinsamen Traum, der nirgends anfängt und nirgends aufhört, der nur darum ist, weil «Niemand», ein unsichtbarer Odysseus, ihn träumt. Keiner weiß es, und doch leben alle, weil ein Gott sie leben heißt. So ist ja das Leben, und darum sind die JOYCEschen Gestalten so wirklich – vita somnium breve. Aber jenes Ich, das sie alle umfaßt, erscheint nirgends. Es verrät sich durch nichts, durch kein Urteil, durch keine Anteilnahme, durch keinen Anthropomorphismus. Das Ich des Schöpfers dieser Gestalten ist nicht mehr aufzufinden. Es ist, als ob es sich in die zahllosen Figuren des *«Ulysses»* aufgelöst hätte [18]. Und doch oder vielmehr eben darum ist alles und jedes, sogar die fehlende Interpunktion des Schlußkapitels, JOYCE *selbst*. Sein losgelöstes, anschauendes Bewußtsein, das das zeitlose Beisammensein der Geschehnisse des 16. Juni 1904 mit *einem* Blick teilnahmslos umfaßt, muß zu dieser Erscheinung sagen: Tat twam asi – das bist du – «du» in höherem Sinne: kein Ich, sondern das Selbst; denn allein das Selbst umfaßt das Ich und das Nicht-Ich, die Unterwelt, die Eingeweide, die «imagines et lares» und den Himmel.

Wenn ich *«Ulysses»* lese, so tritt mir immer jenes von WILHELM ver- 189
öffentlichte chinesische Bild des Yogin vor Augen, dessen Haupt die 25 Gestalten entsteigen [19]. Dieses Bild schildert den geistigen Zustand des Yogin, der im Begriff steht, sich seines Ichs zu entledigen, um in jenen völligeren, objektiveren Zustand des Selbst hinüberzugehen, in den Zustand der «einsam ruhenden Mondscheibe», des sat-chit-ananda, eines Inbegriffs von Sein-Nichtsein – letztes Ziel des östlichen Erlösungsweges, kostbarste Perle der Weisheit Indiens und Chinas, gesucht und gepriesen durch die Jahrtausende.

Der «zerknüllte Zettel, der gleich wieder fortgeworfen wird», 190
schwimmt nach dem Osten. Dreimal kommt dieser Zettel im *«Ulysses»* vor, jedesmal in geheimnisvoller Weise mit «Elijah» (Elias) verbunden. Zweimal heißt es: «Elias kommt». Tatsächlich erscheint er in der

[18] Wie JOYCE selber sagt (*A Portrait of the Artist as a Young Man*): «Der Künstler steht wie der Gott der Schöpfung in oder hinter oder jenseits oder über seinem Werk, ist unsichtbar, ohne eigenes Leben, gleichgültig und macht sich die Fingernägel sauber.» [p. 245 der englischen Ausgabe von 1930.]

[19] WILHELM UND JUNG, *Das Geheimnis der Goldenen Blüte.*

Bordellszene (von MIDDLETON MURRY mit Recht der Walpurgisnacht angenähert), wo er in amerikanischem Slang das Geheimnis des Zettels erläutert: «Boys, do it now. God's time is 12. 25. Tell mother you'll be there. Rush your order and you play a slick ace. Join on right here! Book through to eternity junction, the nonstop run. Just one word more. Are you a god or doggone clod? If the second advent came to Coney Island are we ready? Florry [20] Christ, Stephen Christ, Zoe Christ, Bloom Christ, Kitty Christ, Lynch Christ, it's up to you to sense that cosmic force. Have we cold feet about he cosmos? No. Be on the side of the angels. *Be a prism. You have that something within, the higher self. You can rub shoulders with a Jesus, a Gautama, an Ingersoll.* Are you all in this vibration? I say you are. You once nobble that, congregation, and a buck joy ride to heaven becomes a back number. You got me? It's a lifebrightener, sure. The hottest stuff ever was. It's the whole pie with jam in. It's just the cutest snappiest line out. It is immense, super-
191 sumptuous. It restores [21].»

Man sieht, was hier geschehen ist: Die Loslösung des menschlichen und seine damit verbundene Annäherung an das «göttliche» Bewußtsein – Grundlage und höchste künstlerische Leistung des *«Ulysses»* – verfällt der teuflischen Verzerrung in der trunkenen Narrenhölle des Bordells, wenn ihr Gedanke in der Hülle der traditionellen Wortformel auftritt. Ulysses, der Dulder und vielfach Verirrte, strebt nach seiner Heimatinsel, zu sich selbst zurück, indem er sich durch die Verwirrungen von 18 Kapiteln durchringt und sich aus der Narrenwelt der Illusionen befreit, «von ferne schauend» und nicht anteilnehmend. Damit vollbringt er eben das, was ein Jesus oder ein Buddha vollbracht hat, nämlich die Überwindung der Narrenwelt, die Befreiung aus den Gegensätzen, wie das ja auch Faustens Streben ist. Und wie Faust im höheren Weiblichen sich auflöst, so hat auch im *«Ulysses»* Mrs. Bloom, welche STUART GILBERT mit Recht als grünende Erde anspricht, das letzte Wort in ihrem interpunktionslosen Monolog, und ihr fällt die Gnade zu, nach all den schreienden teuflischen Dissonanzen den harmonischen Schlußakkord ertönen zu lassen.

[20] Florry, Zoe, Kitty sind die drei Bordellhuren, die anderen Stephens Gefährten.

[21] [Von JUNG gesperrt, p. 478.]

Ulysses ist der Schöpfergott in JOYCE, ein wahrhafter Demiurg, dem es gelungen ist, sich von der Verwicklung in seine Welt geistiger wie physischer Natur zu befreien und sie mit losgelöstem Bewußtsein zu betrachten. Zum Menschen JOYCE verhält sich Ulysses wie Faust zu GOETHE, wie Zarathustra zu NIETZSCHE. Ulysses ist das höhere Selbst, das aus blinder Weltverwicklung zur göttlichen Heimat zurückkehrt. Im ganzen Buch tritt kein Ulysses auf, das Buch selber ist Ulysses, ein Mikrokosmos in JOYCE, die Welt des Selbst und das Selbst einer Welt in einem. Ulysses kann nur zurückkehren, wenn er aller Welt den Rücken gekehrt hat, dem Geiste sowohl wie der Physis. Da liegt wohl der tiefere Grund zum Weltbild des *«Ulysses»:* Es ist der 16. Juni 1904, der Allerweltsalltag, an dem rastlose, anfangslose und ziellose Dinge von belanglosen potentiellen Menschen gesagt und getan werden, schattenhaft, traumhaft, unterweltlich, ironisch, negativ, häßlich und teuflisch, jedoch wahr – ein Bild von der Welt, das einem böse Träume oder eine kosmische Aschermittwochstimmung verursachen könnte, oder etwa jenes Gefühl des Weltschöpfers am 1. August 1914. Nach dem Optimismus des siebenten Schöpfungstages muß es dem Demiurgen 1914 eher schwer gefallen sein, sich mit seiner Schöpfung weiter zu identifizieren. Der *«Ulysses»* wurde von 1914 bis 1921 geschrieben – kein Grund zu einem besonders erheiternden Weltbild oder gar ein Anlaß, diese Welt liebend zu umarmen (auch seitdem nicht!). Kein Wunder daher, daß der Weltschöpfer im Künstler ein negatives Bild seiner Welt entwirft, so negativ, so blasphemisch negativ, daß die Zensur in angelsächsischen Ländern den Skandal eines Widerspruches mit dem Schöpfungsbericht verhindern mußte und den *«Ulysses»* einfach verbot! So wurde der verkannte Demiurg zum heimatsuchenden Odysseus. 192

Von Gefühl ist im *«Ulysses»* nicht viel zu finden, was jedem Ästheten gewiß sehr angenehm ist. Aber setzen wir, das Bewußtsein des Ulysses wäre kein Mond, sondern ein Ich im Besitze eines urteilenden Verstandes und eines fühlenden Herzens, so wäre sein Weg durch die 18 Kapitel nicht bloß ein Mißvergnügen, sondern ein wahrhafter Leidensweg, und am Abend bräche dieser Wanderer, durch alles Leid und allen Unsinn dieser Welt überwältigt und verzweifelt, zusammen in den Armen der Großen Mutter, die Anfang und Ende des Lebens bedeutet. Unter dem Zynismus des Ulysses verbirgt sich das große Mitleiden, das 193

Erleiden einer Welt, die nicht gut und nicht schön ist, die, schlimmer noch, hoffnungslos ist, weil sie durch ewig wiederholte Allerweltsalltage dahinrollt, menschliches Bewußtsein in ihren Narrentanz durch die Stunden, Monde und Jahre mitreißend. Ulysses hat den Schnitt gewagt, der die Bindung des Bewußtseins an sein Objekt zertrennen soll. Er hat sich losgelöst von Anteilnahme, Verwicklung und Verblendung, und darum kann er heimkehren. Er ist mehr als eine subjektive, persönliche Meinungsäußerung; denn der schöpferische Genius ist nie *einer,* sondern *viele,* und darum spricht er in der Stille der Seele zu den vielen, deren Sinn und Schicksal er ebensosehr ist wie des einzigen Künstlers.

194 Es will mir jetzt scheinen, als ob all das Negative, das «Kaltblütige», das Bizarr-Banale, das Grotesk-Infernalische positive Tugenden des JOYCEschen Werkes seien, um derentwillen es gepriesen werden müßte. Die entsetzliche Langeweile und grauenhafte Monotonie einer unaussprechlich reichen, millionenfach facettierten Sprache bandwurmlang hinkriechender Abschnitte ist episch großartig, ein wahrhaftes Mahabharata der Unzulänglichkeiten einer menschlichen Winkelwelt und ihrer närrisch-teuflischen Untergründe. «From drains, clefts, cesspools, middens arise on all sides stagnant fumes» [22]. Und in diesem Pfuhl spiegelt sich so ziemlich jede höchste und letzte religiöse Idee in blasphemischer Verzerrung – wie in den Träumen. (Ein ländlicher Verwandter des großstadtbewohnenden Ulysses ist ALFRED KUBINS *«Andere Seite».)*

195 Ich kann auch das willig hinnehmen; denn es ist nicht zu leugnen. Im Gegenteil sogar beweist die Erscheinung der Eschatologie in der Skatologie die Wahrheit TERTULLIANS: «Anima naturaliter christiana». Ulysses erweist sich als ein guter Antichrist und beweist damit die Haltbarkeit seines katholischen Christentums. Nicht nur ist er ein Christ, sondern sogar – höherer Ruhmestitel – Buddhist, Shivait und Gnostiker «*(With a voice of waves.)* ... White yoghin of the Gods. Occult pimander of Hermes Trismegistos. *(With a voice of whistling seawind.)* Punarjanam patsypunjaub! I won't have my leg pulled. It has been said by one: beware the left, the cult of Shakti. *(With a cry of stormbirds.)* Shakti, Shiva! Dark hidden Father! ... Aum!

[22] *Ulysses,* Bordellszene, p. 412.

Baum! Pyjaum! I am the light of the homestead, I am the dreamery creamery butter [23].»

Höchstes und ältestes Geistesgut, unverloren auch in der Niederung 196
der Jauchegrube, ist das nicht rührend und bedeutend? Es ist kein Loch in der Seele, durch das der Spiritus divinus endgültig sein Leben in die Welt von Gestank und Dreck aushauchen könnte. Der alte Hermes, der Vater aller ketzerischen Nebenwege, hat recht behalten: «Wie oben, so unten». Stephen Daedalus, der vogelköpfige Luftmensch, verfing sich im übelriechenden Schlamm des Erdschoßes, als er dem allzu luftigen Luftreich entfliegen wollte, und begegnete dem Obersten, das er floh, im Untersten wieder. «Und flöh' ich ans äußerste Ende der Welt, so ...» der Nachsatz ist des Ulysses beweiskräftige Blasphemie [24]. Besser noch: Bloom, der sinnliche, perverse und impotente Schnüffler, erlebt in der Tiefe des Schmutzes, was ihm zuvor nie passiert ist – die Verklärung als Gottmensch. Eine freudige Kunde: Wenn die ewigen Zeichen vom himmlischen Firmament verschwunden sind, so findet sie das Schwein, das Trüffeln sucht, in der Erde wieder; denn sie sind unverlierbar und unzerstörbar eingeprägt dem Oben wie dem Unten, nur in der von Gott verfluchten, lauwarmen Mittellage sind sie stets unauffindbar.

Ulysses ist absolut objektiv und absolut ehrlich und darum zuverläs- 197
sig. Man kann seinem Zeugnis vertrauen, welches die Macht und die Nichtigkeit von Geist und Welt bekundet. Ulysses allein ist Sinn, Leben und Wirklichkeit, in ihm ist die wirkliche Phantasmagorie von Geist und Welt, von Ich-en und Es-en beschlossen und umschlossen. Ich möchte hier eine Frage an Herrn JOYCE richten: «Haben Sie bemerkt, daß Sie eine Vorstellung, ein Gedanke, vielleicht ein Komplex des Ulysses sind? Daß er auf allen Seiten wie ein hundertäugiger Argus um Sie herumsteht und Ihnen eine Welt samt Gegenwelt hinzugedacht hat, damit Sie Objekte haben, ohne die Sie Ihres Ichs gar nicht bewußt sein könnten?» Ich weiß nicht, was der verehrliche Autor auf diese Frage antworten würde. Das geht mich auch schließlich gar nichts an, soll mich nichts kümmern, wenn ich Metaphysik auf eigene Faust treiben will. Der *«Ulysses»* regt einen dazu an, wenn man sieht, wie er den Mikrokosmos des Dubliner 16. Juni 1904 säuberlich aus dem Makro-

[23] [*Ulysses*, p. 481.]

[24] [Vermutlich Anspielung auf *Ps.* 139, 7–9, und *Ulysses*, p. 476.]

Chaos-Kosmos der Weltgeschichte herausfischt und unter einer Glasplatte in allen seinen schmackhaften und unschmackhaften Einzelheiten präpariert und mit stupender Akribie als gänzlich unbeteiligter Zuschauer beschreibt. Das sind Straßen, das sind Häuser, ein Pärchen, das spazieren geht – ein wirklicher Herr Bloom besorgt sein Annoncengeschäft, ein wirklicher Stephen betreibt aphoristische Philosophie. Es wäre gar nicht unmöglich, daß Herr JOYCE an irgendeiner Dublinerecke selber ins Gesichtsfeld träte. Warum nicht? Er ist doch ebenso wirklich wie Herr Bloom, darum könnte er ebenso herausgefischt, präpariert und beschrieben werden (zum Beispiel als *«Portrait of the Artist as a Young Man»*).

198 Also, wer ist Ulysses? Er ist wohl das *Symbol* dessen, was die Zusammenfassung, die Einheit aller einzelnen Erscheinungen des ganzen *«Ulysses»*, Mr. Bloom, Stephen, Mrs. Bloom inklusive Mr. JAMES JOYCE ist. Man bedenke: ein Wesen, das nicht bloß eine farblose Kollektivseele ist und aus einer unbestimmten Anzahl von widerspenstigen und nicht zusammengehörigen Individualseelen besteht, sondern auch von Häusern, Straßenzügen, Kirchen, dem Liffey, mehreren Bordellen und einem zerknüllten Zettel auf dem Wege zum Meer zusammengesetzt ist und trotzdem ein wahrnehmendes und reproduzierendes Bewußtsein besitzt. Diese Unausdenklichkeit reizt die Spekulation, besonders noch, weil man sowieso nichts beweisen kann und infolgedessen bloß mutmaßen darf. Ich muß gestehen, ich habe den Verdacht, daß der Ulysses als ein umfänglicheres Selbst das zu all den Objekten unter der Glasplatte gehörige Subjekt ist, das Wesen, das so tut, als ob es Mr. Bloom oder eine Druckerei oder ein zerknüllter Zettel wäre, in Wirklichkeit jedoch «the dark hidden Father» seiner Objekte. «Ich bin der Opferer und das Geopferte», in der Unterweltssprache: «I am the light of the homestead, I am the dreamery creamery butter». Wendet er sich mit liebender Umarmung zur Welt, so blühen alle Gärten: «O and the sea ... crimson sometimes like fire and the glorious sunsets and the figtrees in the Alameda gardens yes and all the queer little streets and pink and blue and yellow houses and the rosegardens and the jessamine and geraniums and cactuses ...», kehrt er ihr aber den Rücken, so rollt der öde Allerweltsalltag weiter – «labitur et labetur in omne volubilis aevum [25]».

[25] [«... fließt fort, und fließt, und ewig wird (er) fließen.» (HORAZ, *Briefe*, I, 2, 43)]

Erst schuf der Demiurg in Eitelkeit eine Welt, die ihn vollkommen dünkte; als er aber nach oben blickte, da sah er ein Licht, das er nicht geschaffen hatte. Und darauf kehrte er zurück, dahin, wo seine Heimat war. Als er aber solches tat, da verwandelte sich seine männliche Schöpferkraft in weibliche Willigkeit, und er mußte bekennen: 199

Das Unzulängliche,
Hier wird's Ereignis;
Das Unbeschreibliche,
Hier ist es getan;
Das Ewig-Weibliche
Zieht uns hinan.

Unter der Glasplatte auf der tief unten liegenden Erde in Irland, Dublin, Eccles Street 7, in ihrem Bett, schläfrig werdend, am 17. Juni 1904 etwa zwei Uhr morgens sagt die Stimme der lockeren Mrs. Bloom: «O and the sea the sea crimson sometimes like fire and the glorious sunsets and the fig trees in the Alameda gardens yes and all the queer little streets and pink and blue and yellow houses and the rosegardens and the jessamine and geraniums and cactuses and Gibraltar as a girl where I was a Flower of the mountain yes when I put the rose in my hair like the Andalusian girls used or shall I wear a red yes and how he kissed me under the Moorish wall and I thought well as well him as another and then I asked him with my eyes to ask again yes and then he asked me would I yes to say yes my mountain flower and first I put my arms around him yes and drew him down to me so he could feel my breasts all perfume yes and his heart was going like mad and yes I said yes I will Yes [26].» 200

O *«Ulysses»*, du bist ein wahrhaftes Andachtsbuch für den objektgläubigen, objektverfluchten weißhäutigen Menschen! Du bist ein Exercitium, eine Askesis, ein qualvolles Ritual, eine magische Prozedur, achtzehn hintereinander geschaltete alchymische Retorten, in denen mit Säuren, Giftdämpfen, Kälten und Hitzen der Homunkulus eines neuen Weltbewußtseins herausdestilliert wird! 201

Du sagst nichts und verrätst nichts, o Ulysses, aber du wirkst. Penelope braucht nicht mehr endloses Gewand zu weben, sie ergeht sich 202

[26] l. c., p. 735.

jetzt in den Gärten der Erde, denn ihr Gatte ist von allen Irrfahrten heimgekehrt. Eine Welt verging und ward neu.

203 Nachsatz: Es geht jetzt mit der Lektüre von *«Ulysses»* schon ganz leidlich vorwärts.

ANHANG

[Die Entstehungsgeschichte des obigen Artikels ist insofern von Interesse, als darüber einander widersprechende Erklärungen veröffentlicht worden sind. Die vermutlich richtige Version wird im Folgenden als erste angeführt:

(1) In Paragraph 171 erwähnt JUNG, er habe den Artikel geschrieben, weil ein Verleger ihn gefragt habe, «was ich über ihn ⟨Joyce⟩ denke, respektive über den *‹Ulysses›*.» Es handelte sich um Dr. DANIEL BRODY, den früheren Leiter des Rhein-Verlages, Zürich, der 1927 eine deutsche Übersetzung von *«Ulysses»* herausgebracht hatte (2. und 3. Auflage 1930). Dr. BRODY berichtete, daß er 1930 einen Vortrag JUNGS in München über «Die Psychologie des Dichters» gehört hatte. (Dies war wohl eine frühere Fassung der Abhandlung VII dieses Bandes, «Psychologie und Dichtung».) Als er sich später mit JUNG darüber unterhielt, hatte Dr. BRODY offenbar den Eindruck, daß JUNG sich auf JOYCE bezog, ohne seinen Namen zu erwähnen. JUNG bestritt dies, sagte aber, er interessiere sich tatsächlich für JOYCE und habe einen Teil des *«Ulysses»* gelesen. Dr. BRODY antwortete, der Rhein-Verlag beabsichtige eine literarische Zeitschrift herauszugeben, und er würde einen Artikel JUNGS über JOYCE für die erste Nummer begrüßen. JUNG war einverstanden, und etwa einen Monat später händigte er Dr. BRODY den Aufsatz aus. Dieser stellte fest, daß JUNG JOYCE und *«Ulysses»* hauptsächlich von einem klinischen Standpunkt aus behandelt hatte, und zwar anscheinend recht unsanft. Er schickte den Artikel JOYCE, der ihm telegraphierte: «Niedrigerhängen», im übertragenen Sinn: «Zeigen Sie ihn vor, indem Sie ihn abdrucken» (JOYCE zitierte wörtlich FRIEDRICH d. Gr., der angesichts eines Plakates, das ihn angriff, den Befehl erteilte, man solle dieses niedriger hängen, damit alle es sehen könnten.) Freunde JOYCES, darunter STUART GILBERT, rieten BRODY, den Artikel

nicht zu bringen, obschon JUNG zunächst auf einer Veröffentlichung bestand. Unterdessen hatten sich in Deutschland politische Spannungen entwickelt, so daß der Rhein-Verlag beschloß, die geplante literarische Zeitschrift aufzugeben, und Dr. BRODY sandte JUNG den Artikel zurück. Später überarbeitete JUNG den Essay (wobei er vor allem dessen Schärfe milderte) und veröffentlichte ihn 1932 in der *«Europäischen Revue»*. Die Originalfassung kam nie zum Vorschein.

Dieser Zusammenfassung liegen teils neueste Mitteilungen von Dr. BRODY an die Herausgeber der angloamerikanischen Ausgabe zugrunde, teils der Inhalt eines Briefes von Prof. RICHARD ELLMAN, der von Dr. BRODY gleichen Bescheid erhalten hatte. Prof. ELLMAN gab bekannt, daß er das Thema in einer Neuauflage seiner JOYCE-Biographie berücksichtigen wolle.

(2) In der ersten Auflage seines *«James Joyce»* (1959, p. 64) schrieb RICHARD ELLMAN, BRODY habe JUNG um ein Vorwort zur 3. Auflage (Ende 1930) der deutschen Übersetzung des *«Ulysses»* gebeten. PATRICIA HUTCHINS zitiert in *«James Joyce's World»* (1957, p. 182) JUNG in einem Interview: «In den dreißiger Jahren wurde ich gebeten, eine Einführung zur deutschen Ausgabe von ‹Ulysses› zu schreiben, aber als solche war sie kein Erfolg. Später publizierte ich sie in einem meiner Bücher. Mein Interesse war nicht literarischer, sondern beruflicher Art. Das Buch ‹Ulysses› war meiner Auffassung nach ein höchst wertvolles Dokument . . .»

(3) In einem Brief an HARRIET SHAW WEAVER vom 27. September 1930 schrieb JOYCE aus Paris: «Der Rhein-Verlag wandte sich an Jung um ein Vorwort zur deutschen Ausgabe von Gilberts Buch. Er reagierte mit einem sehr ausführlichen und feindseligen Angriff . . . über den sie sich heftig aufregen, aber ich möchte, daß sie ihn verwenden . . .» (*Letters*, hg. von STUART GILBERT, p. 294). Der Rhein-Verlag veröffentlichte eine deutsche Ausgabe von *«James Joyce's ‹Ulysses›: A Study»* unter dem Titel *«Das Rätsel Ulysses»* (1932). STUART GILBERT äußerte sich in einem Brief an die Verleger: «Ich fürchte, meine Erinnerungen an Jungs ‹Ulysses›-Aufsatz sind verschwommen, doch . . . bin ich nahezu sicher, daß Jung ersucht worden war, den Text für mein Rätsel zu schreiben und nicht für eine deutsche Ausgabe von ‹Ulysses›.» Prof. ELLMAN bemerkte anschließend hierzu in einem Brief: «Ich vermute, daß zu irgendeinem Zeitpunkt der Verhandlungen mit Jung die

Möglichkeit einer Verwendung des Artikels als Vorwort zu Gilberts Buch durchaus erwogen wurde, sei es auf Brodys oder Joyces Vorschlag hin.»

JUNG sandte JOYCE einen Durchschlag der überarbeiteten Fassung seines Aufsatzes mit dem folgenden Begleitbrief:

«Ihr ‹Ulysses› hat die Welt mit einem so erregenden psychologischen Problem bedacht, daß ich wiederholt als angebliche Autorität in psychologischen Angelegenheiten angerufen worden bin.

‹Ulysses› hat sich als überaus harte Nuß erwiesen und meinen Geist nicht nur zu höchst ungewöhnlichen Anstrengungen gezwungen, sondern auch zu einer eher extravaganten Wanderschaft (vom Standpunkt eines Wissenschaftlers aus betrachtet). Ihr Buch als Ganzes war für mich eine Quelle steter Beunruhigung, und ich brütete ungefähr drei Jahre darüber, bevor ich mich hineinversetzen konnte. Ich muß Ihnen jedoch sagen, daß ich sowohl Ihnen als auch Ihrem gigantischen Werk zutiefst dankbar bin, weil ich sehr viel davon lernte. Ich werde vermutlich nie sagen können, ob ich es eigentlich genoß, denn es war allzu nerven- und gehirnaufreibend. Ebensowenig weiß ich, ob Sie Ihrerseits goutieren werden, was ich über ‹Ulysses› geschrieben habe, da ich nicht umhin konnte, der Welt mitzuteilen, wie sehr er mich langweilte, wie ich murrte, wie ich fluchte und wie ich bewunderte. Die 40 Seiten im Non-stop am Schluß stellen eine Schnur wahrer psychologischer Perlen dar. Ich nehme an, des Teufels Großmutter verstehe so viel von der wirklichen Psychologie der Frau, ich jedenfalls bisher nicht.

Nun, ich versuche Ihnen meinen kleinen Aufsatz einfach zu empfehlen, als die komische Bemühung eines völligen Außenseiters, der sich im Labyrinth Ihres ‹Ulysses› verirrte und ihm nur zufällig und mit knapper Not wieder entrann. Auf jeden Fall können Sie aus meinem Artikel ersehen, was ‹Ulysses› einem als ausgeglichen geltenden Psychologen angetan hat.

Mit dem Ausdruck meiner tiefsten Wertschätzung verbleibe ich, sehr geehrter Herr Joyce, Ihr ergebener

C. G. Jung.»

JUNGS Arbeitsexemplar von *«Ulysses»* enthält auf seiner Titelseite folgende Eintragung in JOYCES Handschrift und in englischer Sprache: «Für Dr. C. G. Jung, in dankbarer Würdigung seiner Hilfe und seines Rates. James Joyce, Weihnachten 1934, Zürich.» Es handelt sich bei dem Exemplar offensichtlich um dasjenige, das JUNG während der Niederschrift des Aufsatzes benutzte, da etliche der darin angeführten Textstellen mit Bleistift bezeichnet sind.]

IX

PICASSO[1]

Fast möchte ich den Leser um Entschuldigung bitten, daß ich als Psychiater mich in die Aufregung um PICASSO mische. Wäre es mir nicht von maßgebender Seite nahegelegt worden, so hätte ich wohl nicht zur Feder gegriffen. Nicht, daß mir dieser Künstler mit seiner seltsamen Kunst etwa ein zu geringer Vorwurf wäre – habe ich mich doch um seinen literarischen Bruder JOYCE[2], ehrlich gemüht – im Gegenteil: sein Problem hat mein ungeteiltes Interesse, nur ist es mir zu weit, zu schwer, zu verwickelt, als daß ich hoffen könnte, in einem kurzen Zeitungsartikel es auch nur annähernd zu erschöpfen. Wenn ich es überhaupt wage, zu PICASSO mich zu äußern, so geschieht es mit dem ausdrücklichen Vorbehalt, daß ich nichts zur Frage seiner Kunst, sondern bloß zur Psychologie seiner Kunst etwas zu sagen habe. Ich lasse also das ästhetische Problem dem Kunstgelehrten und beschränke mich auf die Psychologie, die solchem Kunstschaffen zugrunde liegt. 204

Ich beschäftige mich seit bald zwanzig Jahren mit der Psychologie der bildlichen Darstellung seelischer Vorgänge, und ich bin darum in der Lage, PICASSOS Bilder professionell zu sehen. Auf Grund meiner Erfahrung kann ich dem Leser versichern, daß PICASSOS seelische Problematik, soweit sie sich in seiner Kunst ausdrückt, der meiner Patienten durchaus analog ist. Leider kann ich es nicht beweisen, denn das Vergleichsmaterial ist nur wenigen Spezialisten bekannt. Meine weiteren Ausführungen stehen daher in der Luft und bedürfen der wohlwollenden Phantasie meines Lesers. 205

[1] [Erstmals erschienen in: *Neue Zürcher Zeitung* CLIII/2 (13. November 1932). Im Kunsthaus Zürich fand vom 11. September bis 30. Oktober 1932 eine Ausstellung von 460 Werken PICASSOS statt. Neuausgabe in: C. G. JUNG, *Wirklichkeit der Seele* (vgl. Bibliographie).]

[2] *«Ulysses»*. Ein Monolog. [Abhandlung VIII dieses Bandes.]

206 Die nicht gegenständliche Kunst bezieht ihre Inhalte wesentlich von «innen». Dieses «Innen» kann nicht dem Bewußtsein entsprechen, denn dieses enthält Abbilder der allgemein gesehenen Gegenstände, welche notwendigerweise so aussehen müssen, wie es der allgemeinen Erwartung entspricht. PICASSOS Gegenstand sieht aber anders aus, als es der allgemeinen Erwartung entspricht, ja sogar so anders, daß es nicht einmal mehr den Anschein hat, als ob überhaupt Gegenstände der äußeren Erfahrung gemeint seien. Die chronologische Reihe zeigt eine zunehmende Entfernung vom empirischen Gegenstand und eine Zunahme jener Elemente, die keiner äußeren Erfahrung mehr entsprechen, sondern einem «Innen» entstammen, das hinter dem Bewußtsein liegt; auf alle Fälle hinter dem Bewußtsein, das wie ein allgemeines, den fünf Sinnen übergeordnetes Wahrnehmungsorgan der äußeren Welt zugewendet ist. Hinter dem Bewußtsein kommt nicht das absolute Nichts, sondern die unbewußte Psyche, welche das Bewußtsein von hinten und innen ebenso affiziert, wie die äußere Welt von vorne und außen. Jene Bildelemente also, welche keinem Außen entsprechen, müssen dem «Innen» entstammen.

207 Da dieses «Innen» unsichtbar und unvorstellbar ist und trotzdem das Bewußtsein aufs nachhaltigste beeinflussen kann, so veranlasse ich diejenigen meiner Patienten, die hauptsächlich unter solchen Wirkungen leiden, diese so gut wie möglich bildlich darzustellen. Der Zweck der «Ausdrucksmethode» ist, die unbewußten Inhalte erfaßbar zu machen und damit dem Verständnis nahezubringen. Therapeutisch wird damit erreicht, daß die gefährliche Abspaltung der unbewußten Vorgänge vom Bewußtsein verhindert wird. Alle bildlich dargestellten Hintergrundsvorgänge und -wirkungen sind, im Gegensatz zur gegenständlichen oder «bewußten» Darstellung, *symbolisch,* das heißt deuten annähernd und bestmöglich einen Sinn an, der zunächst unbekannt ist. Dieser Tatsache entsprechend ist es auch ganz unmöglich, in einem isolierten Einzelfall irgend etwas mit irgendeiner Sicherheit festzustellen. Man hat nur das Gefühl der Fremdheit und des verwirrenden, unerkennbaren Vielerleis. Man weiß nicht, was eigentlich gezeigt oder gemeint wird. Verständnismöglichkeit entsteht nur durch Vergleichung vieler Bilderserien. Die Bilder der Patienten sind im allgemeinen wegen künstlerischen Phantasiemangels klarer und einfacher und deshalb verständlicher als die Bilder moderner Künstler.

Unter den Patienten kann man zwei Gruppen unterscheiden: die *neurotische* und die *schizophrene.* Erstere Gruppe liefert Bilder synthetischen Charakters von durchgehender und einheitlicher Gefühlsstimmung. Sind sie ganz abstrakt und lassen darum das Gefühlsmoment vermissen, so sind sie wenigstens ausgesprochen symmetrisch oder mit unverkennbarem Sinn geladen. Letztere Gruppe dagegen produziert Bilder, welche sofort ihre Gefühlsfremdheit offenbaren. Sie vermitteln auf alle Fälle kein einheitliches, harmonisches Gefühl, sondern Gefühlswidersprüche oder gar völlige Gefühllosigkeit. Rein formal herrscht der Charakter der *Zerrissenheit* vor, der sich in den sogenannten Bruchlinien ausdrückt, das heißt einer Art psychischer Verwerfungsspalten, die sich durch das Bild ziehen. Das Bild läßt kalt oder wirkt erschreckend wegen seiner paradoxen, gefühlstörenden, schauerlichen oder grotesken Rücksichtslosigkeit auf den Betrachtenden. PICASSO gehört zu dieser Gruppe [3]. 208

Trotz dieser deutlichen Verschiedenheit der beiden Gruppen haben sie eines gemeinsam, nämlich *den symbolischen Gehalt.* Beide stellen angedeuteten Sinn dar, aber der neurotische Typus sucht den Sinn und sein Gefühl und bemüht sich, ihn dem Betrachtenden zu übermitteln. 209

[3] Mit dieser Feststellung ist nun nicht gemeint, daß jeder, der zu einer dieser beiden Gruppen gehört, entweder neurotisch oder schizophren sei. Eine solche Einteilung will nur besagen, daß in ersterem Fall eine psychische Störung voraussichtlich zu gewöhnlichen neurotischen Symptomen und in letzterem Fall zu schizoiden Symptomen führen werde. Die Bezeichnung «schizophren» in diesem Fall will also keineswegs bedeuten, daß die Geisteskrankheit Schizophrenie vorliegt, sondern bloß eine Disposition oder ein Habitus, auf dessen Grundlage eine schwerwiegende psychische Verwicklung eine Schizophrenie erzeugen könnte. Ich bezeichne PICASSO sowenig wie JOYCE als psychotisch, sondern rechne sie bloß zu jener umfangreichen Menschengruppe, deren Habitus es ist, nicht mit einer gewöhnlichen Psychoneurose auf eine tiefgehende seelische Störung zu reagieren, sondern mit einem schizoiden Symptomenkomplex. Da meine obige Feststellung Anlaß zu einigem Mißverständnis gegeben hat, so habe ich diese psychiatrische Auseinandersetzung für nötig erachtet. [JUNGS Artikel in der Nzz hatte zahlreiche Repliken in der Presse zur Folge, die vor allem durch seine Bemerkung über Schizophrenie angeregt worden waren. Er nahm dazu mit der obigen Anmerkung in der Erstausgabe von *Wirklichkeit der Seele* (1934) Stellung.]

Der Schizophrene aber verrät kaum solche Neigung, vielmehr scheint es, als ob er das Opfer dieses Sinnes sei. Es ist, wie wenn er davon überwältigt und verschluckt und selber in alle jene Elemente aufgelöst wäre, die der Neurotische zu meistern wenigstens versucht. Man muß vom schizophrenen Ausdruck sagen, was ich über JOYCE bemerkte: Nichts kommt dem Betrachtenden entgegen, alles wendet sich von ihm ab, selbst eine gelegentliche Schönheit erscheint nur wie eine unentschuldbare Verzögerung des Rückzuges. Das Häßliche, Krankhafte, Groteske, Unverständliche, Banale wird gesucht, nicht um auszudrücken, sondern um zu verschleiern, eine Verschleierung aber, die keinem Suchenden gilt, sondern sie ist wie ein kalter Nebel, der sich verhüllend über menschenleere Moore legt, absichtslos, als ein Schauspiel, das des Zuschauers entraten kann.

210 Beim einen läßt sich erahnen, *was er ausdrücken möchte,* beim andern, *was er nicht ausdrücken kann.* Bei beiden erscheint der geheimnisvolle Inhalt. Eine solche Bilderserie, sei sie nun gezeichnetes Bild oder geschriebenes Wort, beginnt in der Regel mit dem Symbol der *Nekyia,* der Hadesfahrt, dem Abstieg ins Unbewußte und dem Abschied von der Oberwelt. Was danach geschieht, ist zwar noch ausgedrückt in den Formen und Figuren der Tagwelt, deutet aber auf verborgenen Sinn und hat darum Symbolcharakter. So beginnt PICASSO mit den noch gegenständlichen Bildern in Blau, dem Blau der Nacht, des Mondscheins und des Wassers, dem Tuat-Blau der ägyptischen Unterwelt. Er stirbt, und seine Seele reitet auf einem Pferd ins Jenseits. Das Tagleben klammert sich an ihn, und eine Frau mit dem Kinde tritt mahnend zu ihm. Wie der Tag ihm Weib ist, so die Nacht, was psychologisch als die helle und die dunkle Seele (Anima) bezeichnet wird. Wartend sitzt die Dunkle und harrt auf ihn in blauer Dämmerung, pathologische Ahnung erweckend. Mit der Änderung der Farben treten wir in die Unterwelt ein. Die Gegenständlichkeit ist todgeweiht, ausgedrückt in dem schauerlichen Meisterstück der tuberkulös-syphilitischen, adoleszenten Prostituierten. Das Motiv der Prostituierten beginnt mit dem Eintritt ins Jenseits, wo er als abgeschiedene Seele mit einer Anzahl derselben zusammentrifft. Wenn ich sage «er», so meine ich damit jene Persönlichkeit in PICASSO, welche das Unterweltsschicksal erleidet, jenen Menschen, der nicht in die Tagwelt, sondern schicksalhaft ins Dunkle sich wendet, nicht dem Ideal des anerkannt Schönen und Guten

folgend, sondern der dämonischen Anziehungskraft des Häßlichen und Bösen, das im modernen Menschen antichristlich und luziferisch emporschwillt und Weltuntergangsstimmung erzeugt, eben diese helle Tagwelt mit Hadesnebeln umschleiert, mit tödlicher Zersetzung ansteckt und schließlich wie ein Erdbebengebiet in Fragmente, Bruchlinien, Überbleibsel, Schutt, Fetzen und anorganische Einheiten auflöst. PICASSO und Picassoausstellung sind Zeiterscheinungen, wie die achtundzwanzigtausend Menschen, welche sich diese Bilder angeschaut haben.

In der Regel tritt das Unbewußte dem Manne in der Form der 211
«Dunkeln» entgegen, einer Kundry von schauerlich-grotesker, vorweltlicher Häßlichkeit oder infernalischer Schönheit, wenn der von solchem Schicksal Betroffene zur neurotischen Gruppe gehört. Entsprechend den vier weiblichen Figuren der gnostischen Unterwelt, der Eva, Helena, Maria und Sophia finden wir bei der Verwandlung Fausts Gretchen, Helena, Maria und das abstrakte «Ewig-Weibliche». So wandelt sich auch PICASSO und erscheint in der Unterweltsform des tragischen *Harlekin,* dessen Motiv sich durch zahlreiche Bilder hinzieht, der wie Faust in mörderisches Geschehen verstrickt ist und im 2. Teil in gewandelter Gestalt wiederum erscheint. Harlekin ist, beiläufig gesagt, ein alter chthonischer Gott [4].

Der Abstieg in Vorzeiten gehört seit dem Zeugnis Homers zur 212
Nekyia. Faust wendet sich zurück zur primitiven Wahnwelt des Blocksberges und zur Chimäre der Antike. PICASSO ruft die plumpen Erdformen grotesker Primitivität herauf und läßt die Seelenlosigkeit pompejanischer Antike in kaltem Lichte strahlend wiedererstehen, wie es schlimmer ein GIULIO ROMANO nicht konnte. Ich habe selten oder nie einen Fall unter meinen Patienten gesehen, der nicht auf neolithische Kunstformen zurückgegriffen und sich nicht in Evokationen antiker Dionysismen ergangen hätte. Harlekin wandert wie Faust durch alle diese Formen, wenn auch manchmal nichts seine Gegenwart verrät als sein Wein oder seine Laute oder wenigstens die farbigen Rauten seines Narrengewandes. Und was erfährt er auf seiner rasenden Wanderung durch die Menschheitsjahrtausende? Welche Quintessenz wird er her-

[4] Ich verdanke genaue Nachweise der freundlichen Aufmerksamkeit von Herrn Dr. W. KAEGI.

ausdestillieren aus der Zusammenhäufung von Abraum, Zerfall und halbgeborenen und frühverstorbenen Möglichkeiten von Form und Farbe? Welches Symbol wird als letzte Ursache und als Sinn aller Auflösung erscheinen?

213 Angesichts der verwirrenden Vielfältigkeit PICASSOS wagt man kaum, darauf hinzudeuten; darum will ich lieber zunächst sagen, was ich bei meinem Material gefunden habe. Die Nekyia ist kein zweckloser, rein zerstörerischer, titanischer Absturz, sondern eine sinnvolle «katabasis eis antron», ein Abstieg in die Höhle der Einweihung und der geheimen Erkenntnis. Die Fahrt durch die Seelengeschichte der Menschheit hat den Zweck, den Menschen als Ganzes wiederherzustellen, indem sie die Erinnerung des Blutes wachruft. Der Abstieg zu den Müttern dient Faust dazu, den sündhaft ganzen Menschen heraufzuholen, Paris und Helena – jenen Menschen, der, ob der Verirrung ins Einseitige der jeweiligen Gegenwart, in Vergessenheit geriet. Dieser ist es, der zu allen Zeiten der Erschütterung das Beben der Oberwelt verursachte und immer wieder verursachen wird. Dieser Mensch steht im Gegensatz zum Gegenwartsmenschen, weil er jener ist, der immer so war, während ersterer nur gegenwärtig so ist. Dementsprechend folgt bei meinen Patienten auf die Zeit der Katabasis und Katalysis die Anerkennung der Gegensätzlichkeit der menschlichen Natur und der Notwendigkeit der konflikthaften Gegensatzpaare. Darum folgen auf die Symbole der Wahnsinnserlebnisse in der Auflösung Bilder, welche das Zusammentreten der Gegensatzpaare hell – dunkel, oben – unten, weiß – schwarz, männlich – weiblich usw. darstellen. In den letzten Bildern PICASSOS findet sich das Motiv der Vereinigung der Gegensätze in ihrem unmittelbaren Gegenüber recht deutlich. Ein Bild (allerdings zerschnitten von vielen Bruchlinien) enthält sogar die Zusammenstellung der hellen und der dunkeln Anima. Die grellen, unzweideutigen, ja brutalen Farben der letzten Periode entsprechen der Tendenz des Unbewußten, den Konflikt der Gefühle gewaltsam zu meistern. (Farbe = Gefühl.)

214 In der seelischen Entwicklung eines Patienten ist dieser Zustand weder Ende noch Ziel. Er bedeutet bloß die Erweiterung des Blickes, der nunmehr das Ganze moralisch-bestialisch-geistiger Menschheit umfaßt, ohne diese jedoch zu lebendiger Einheit zu gestalten. PICASSOS «drame intérieur» ist bis zu dieser letzten Höhe vor der Peripetie gediehen. In bezug auf den zukünftigen PICASSO will ich mich lieber nicht

im Prophezeien versuchen, denn dieses Abenteuer des Innern ist eine gefährliche Sache, die auf jeder Stufe zum Stillstand oder zur katastrophalen Zersprengung der zusammengespannten Gegensätze führen kann. Die Figur des Harlekin ist von tragischer Zweideutigkeit, obwohl sein Gewand schon die Symbole der nächsten Entwicklungsstufen, dem Kundigen sichtbar, an sich trägt. Er ist ja der Held, der die Fährnisse des Hades durchschreiten soll; aber wird es ihm gelingen? Diese Frage kann ich nicht beantworten. Harlekin ist mir unheimlich. Zu sehr erinnert er mich an jenen «bunten Gesellen, einem Possenreißer gleich» in NIETZSCHES *«Zarathustra»*, der über den nichts ahnenden Seiltänzer (die Parallele zu Bajazzo) wegsprang und ihn dadurch tötete. Dort spricht Zarathustra die für NIETZSCHE sich grauenhaft erfüllenden Worte: «Deine Seele wird noch schneller todt als dein Leib: fürchte nun Nichts mehr [5]!» Wer der «Possenreißer» ist, das sagen seine Worte, die er dem Seiltänzer, seinem schwächeren alter ego, zuruft: «einem Bessern, als du bist, sperrst du die freie Bahn [6]!» Er ist der Größere, der die Schale sprengt, und diese Schale ist manchmal – das Gehirn.

[5] p. 23.
[6] p. 22.

ANHANG

BIBLIOGRAPHIE

Adam von Bodenstein: Siehe Paracelsus.

Agrippa ab Nettesheym, Henricus Cornelius: De incertitudine et vanitate scientiarum declamatio invectiva. Köln 1584.

Anquetil duperron, Abraham Hyacinthe: Siehe Oupnek'hat, Das.

Augustinus (S. Aurelius Augustinus): Confessionum libri tredecim. In: Opera omnia. Opera et studio monachorum ordinis S. Benedicti e congregatione S. Mauri. Tom. I. Paris 1836.

Aschner, Bernhard: Siehe Paracelsus.

Barlach, Ernst: Der tote Tag. Drama in fünf Akten. Berlin 1912.

Benoit, Pierre: L'Atlantide. Roman. Paris 1919.

Bernheim, H.: Die Suggestion und ihre Heilwirkung. Autorisirte deutsche Ausgabe von Sigmund Freud. Leipzig und Wien 1888.

Berthelot, Marcelin: Collection des anciens alchimistes grecs. 3 Bde. Paris 1887/88.

Breuer, Josef, und Sigmund Freud: Studien über Hysterie. Leipzig und Wien 1895.

Burckhardt, Jacob: Siehe Jahrbuch, Basler.

Carus, Carl Gustav: Psyche. Ausgewählt und eingeleitet von Ludwig Klages. Eugen Diederichs, Jena 1926 [Originalausgabe Pforzheim 1846].

Charakter. Eine Vierteljahresschrift für psychodiagnostische Studien und verwandte Gebiete. Hg. von R. Saudeck. Berlin.

Colonna, Francesco: Hypnerotomachia Poliphili. Venedig 1499.

— Siehe Fierz-David.

Curtius, Ernst Robert: James Joyce und sein Ulysses. Verlag der Neuen Schweizer Rundschau, Zürich 1929.

Dante Alighieri: Göttliche Komödie. Übersetzung. 2 Bde. Stuttgart 1871/72.

Ebers, Georg: Papyros Ebers. Das hermetische Buch über die Arzneimittel der alten Ägypter. 2 Bde. Leipzig 1875.

Eckermann, Johann Peter: Gespräche mit Goethe in den letzten Jahren seines Lebens. Insel Verlag, Leipzig 1932.

ERMATINGER, Emil: Philosophie der Naturwissenschaft. Junker und Dünnhaupt, Berlin 1930.

FIERZ-DAVID, Linda: Der Liebestraum des Poliphilo. Ein Beitrag zur Psychologie der Renaissance und der Moderne. Rhein-Verlag, Zürich 1947.

FREUD, Sigmund: Eine Kindheitserinnerung des Leonardo da Vinci. Leipzig und Wien 1910.

— Der Mann Moses und die monotheistische Religion. Drei Abhandlungen. Allert de Lange, Amsterdam 1939.

— Totem und Tabu. Leipzig und Wien 1913.

— Die Traumdeutung. Leipzig und Wien 1900.

— Der Wahn und die Träume in W. Jensens «Gradiva». Leipzig u. Wien 1907.

— Der Witz und seine Beziehung zum Unbewußten. Leipzig u. Wien 1905.

— Die Zukunft einer Illusion. Internationaler Psychoanalytischer Verlag, Leipzig-Wien-Zürich 1927.

— Zur Psychopathologie des Alltagslebens. Über Vergessen, Versprechen, Vergreifen, Aberglaube und Irrtum. Berlin 1907.

— Siehe BREUER.

Geheimnis, Das, der Goldenen Blüte. Ein chinesisches Lebensbuch. Mit einem europäischen Kommentar von C. G. Jung. Text und Erläuterungen von Richard Wilhelm. Neuausgabe Rascher, Zürich 1965.

GESSNER, Conrad: G' C' philosophici medici Tigurini epistolarum medicinalium ... libri III. Zürich 1577.

GIEDION-WELCKER, Carola: «Work in Progress». Ein sprachliches Experiment von James Joyce. In: *Neue Schweizer Rundschau* XXII / 37. Bd. (Zürich 1929), pp. 660—671.

GILBERT, Stuart: Das Rätsel Ulysses. Eine Studie. Übersetzung. Rhein-Verlag, Zürich 1932.

GOETHE, Johann Wolfgang von: Faust. In: Werke XII und XLI. Vollständige Ausgabe letzter Hand. 30 Bde. Cotta, Stuttgart und Tübingen 1827–1835.

GOETZ, Bruno: Das Reich ohne Raum. Roman. Potsdam 1919. Unverstümmelte Neuausgabe See-Verlag, Konstanz 1925.

GUTMANN, Bruno: Die Stammeslehren der Dschagga. (Arbeiten zur Entwicklungspsychologie, 12., 16. und 19. Stück) 3 Bde. C. H. Becksche Verlagsbuchhandlung, München 1932–1938.

HAGGARD, Henry Rider: She. A History of Adventure. London 1887 [und zahlreiche Neuausgaben].

— Ayesha: The Return of She. London 1905.

HALL, Granville Stanley: Life and Confessions of a Psychologist. D. Appleton and Co., New York und London 1923.

[Hermas:] Hermae Pastor. Graece add. vers. Lat. ... e cod. Palatino recens. Osc. de Gebhardt, Ad. Harnack. (Patrum apostolicorum opera fasc. III) Leipzig 1877.

Hermetica. The Ancient Greek and Latin Writings which contain Religious or Philosophic Teachings ascribed to Hermes Trismegistus. Hg. von Walter Scott. 4 Bde. Clarendon Press, Oxford 1924–1936.

HOFFMANN, E. T. A.: Der goldene Topf. (Bibliothek der Romane XXI) Leipzig [o. D.].

— Siehe JAFFÉ.

HORAZ (Quintus Horatius Flaccus): Satiren und Episteln. Hg. von Heinrich Conrad. 2 Bde. München und Leipzig 1911.

I Ging. Das Buch der Wandlungen. Aus dem Chinesischen verdeutscht und erläutert von Richard Wilhelm. Eugen Diederichs, Jena 1924 [Taschenausgabe Düsseldorf-Köln 1960].

JAFFÉ, Aniela: Bilder und Symbole aus E. T. A. Hoffmanns Märchen «Der Goldne Topf». In: C. G. JUNG, Gestaltungen des Unbewußten. Siehe dort.

Jahrbuch, Basler, 1901. Hg. von Albert Burckhardt und Rudolf Wackernagel. Basel 1901. [Briefe Jakob (sic) Burckhardts an Albert Brenner, mit Einleitung und Anmerkungen von Hans Brenner, pp. 87–110.]

JANET, Pierre: Névroses et idées fixes. 2 Bde. 2. Aufl. Paris 1904/08.

— Les Obsessions et la psychasthénie. 2 Bde. Paris 1903.

JENSEN, Wilhelm: Gradiva. Ein pompeianisches Phantasiestück. Dresden und Leipzig 1903.

JOYCE, James. Ulysses. Shakespeare and Company, Paris 1928.

— A Portrait of the Artist as a Young Man. 2. Aufl. London 1917.

— Work in Progress. In Fortsetzungen in: *transition* (Paris 1924–1938).

— Siehe GIEDION-WELCKER.

JUNG, Carl Gustav*: Psychologische Typen. Rascher, Zürich 1921. Neuauflagen 1925, 1930, 1937, 1940, 1942, 1947 und 1950. [Ges. Werke VI (1960 und 1967)]

— Instinkt und Unbewußtes. In: Über die Energetik der Seele. (Psychologische Abhandlungen II) Rascher, Zürich 1928. Erweiterte Neuausgabe: Über psychische Energetik und das Wesen der Träume. Rascher, Zürich 1948 und 1965 (Paperback). [Ges. Werke VIII (1967)]

— Wirklichkeit der Seele. (Psychologische Abhandlungen IV) Rascher, Zürich 1934. Neuauflagen 1939, 1947 und 1969 (Paperback).

* In diesem Band zitierte Werke, chronologisch.

— Psychologie und Alchemie. (Psychologische Abhandlungen V) Rascher, Zürich 1944. Erweiterte Neuausgabe 1952. [Ges. Werke XII]
— Aufsätze zur Zeitgeschichte. Rascher, Zürich 1946.
— Gestaltungen des Unbewußten. Mit einem Beitrag von Aniela Jaffé. (Psychologische Abhandlungen VIII) Rascher, Zürich 1950. [JUNGS Beiträge in: Ges. Werke XV und IX/1]
— Über Wiedergeburt. In: Gestaltungen des Unbewußten. Siehe dort.
— Zur Empirie des Individuationsprozesses. In: Gestaltungen des Unbewußten. Siehe dort.
— Siehe Geheimnis, Das.
KERÉNYI, Karl: Der göttliche Arzt. Studien über Asklepios und seine Kultstätte. Hg. von der Ciba AG, Basel 1948.
KLAGES, Ludwig: Der Geist als Widersacher der Seele. 3 Bde. J. A. Barth, Leipzig 1929–1932.
— Siehe CARUS.
KUBIN, Alfred: Die andere Seite. Ein phantastischer Roman. München 1909.
LEGGE, James: Siehe Yî King, The.
Liber quartorum: Siehe Platonis ...
MELVILLE, Herman: Moby Dick or The White Whale. London, Toronto, New York 1907.
MEYRINK, Gustav: Das grüne Gesicht. Ein Roman. Leipzig 1916.
MYLIUS, Johann Daniel: Philosophia reformata. Frankfurt a. M. 1622.
NIETZSCHE, Friedrich: Also sprach Zarathustra. Ein Buch für Alle und Keinen. Werke VI. Leipzig 1901.
— Ecce Homo. Werke XV. Leipzig 1911.
Oupnek'hat, Das. Die aus den Veden zusammengefaßte Lehre von dem Brahm. Aus der sanskrit-persischen Übersetzung des Fürsten Mohammed Daraschekoh in das Lateinische von Anquetil Duperron, in das Deutsche übertragen von F. Mischel. Dresden 1882.
PARACELSUS (Philippus Theophrastus Bombast von Hohenheim): Bücher und Schrifften. Hg. von Iohannes Huser. 2 Bde. Basel 1589/91:
— De caducis. Das ist Von den Hinfallenden Siechtagen. Bd. I, 4. Teil, pp. 245—282.
— Fragmenta medica. Bd. I, 5. Teil, pp. 109–184.
— Fragmenta ad Paramirum. In: Fragmenta medica, p. 112.
— Labyrinthus medicorum. Bd. I, 2. Teil, pp. 148–187.
— De morbis amentium. Bd. I, 4. Teil, pp. 32–73.
— De transmutationibus rerum. Bd. I, 6. Teil, pp. 300–313.
— Von dem Podagra. Bd. I, 4. Teil, pp. 141–147.

— Das Buch Paragranum. Hg. und eingeleitet von Franz Strunz. Leipzig 1903.
— Sämtliche Werke. Nach der ... Huserschen Gesamtausgabe [1589/91] zum erstenmal in neuzeitliches Deutsch übersetzt, mit erklärenden Anmerkungen von Bernhard Aschner. 4 Bde. Diederichs, Jena 1926–1932.
— Sämtliche Werke. Hg. von Karl Sudhoff. 14 Bde. Verlag R. Oldenburg, München und Berlin 1929–1933.
— De vita longa. Hg. von Adam von Bodenstein. Basel 1562 [?].
Platonis quartorum ... liber III. In: Theatrum chemicum V, pp. 114–208. Straßburg 1622.
Poimandres: Siehe Hermetica [I, pp. 114–133].
RUSKA, Julius: Tabula smaragdina. Ein Beitrag zur Geschichte der hermetischen Literatur. Carl Winters Universitätsbuchhandlung, Heidelberg 1926.
SCHILLER, Friedrich von: Über naive und sentimentalische Dichtung. Sämtliche Werke XVIII. Cotta, Stuttgart und Tübingen 1826.
SPITTELER, Carl: Olympischer Frühling. Umgearbeitete Ausgabe Jena 1915/16.
— Prometheus und Epimetheus. Ein Gleichnis. 2., unveränderte Aufl. Diederichs, Jena 1923 [1. Aufl. 1880/81].
Tabula smaragdina: Siehe RUSKA.
Theatrum chemicum: Siehe Platonis.
WAGNER, Richard: Der Ring des Nibelungen. Ein Bühnenfestspiel. 2. Aufl. Leipzig 1873.
WILHELM, Richard: Siehe Geheimnis, Das.
— Siehe I Ging.
Yî King, The. Translated by James Legge. (The Sacred Books of the East XVI) Oxford 1882.

Bei neueren Werken (von 1920 an) ist nach Möglichkeit auch der Verlag angegeben.

PERSONENREGISTER

Buchtitel sind *kursiv* gesetzt. Eingeklammerte Zahlen bedeuten eine Variation oder eine Umschreibung des Begriffs

SACHREGISTER

GESAMMELTE WERKE VON C.G.JUNG

Bei Arbeiten mit mehreren Auflagen geben wir die Jahreszahlen der ersten und der zuletzt erschienenen Auflage der deutschen Einzelausgaben an. Bände, die vor 1971 erschienen sind, sind im Rascher Verlag, Zürich, erschienen, alle Bände nach 1971 im Walter-Verlag, Olten.

1. Band, 1966, 1981, 1989

PSYCHIATRISCHE STUDIEN

Zur Psychologie und Pathologie sogenannter okkulter Phänomene. 1902
Über hysterisches Verlesen. 1904
Kryptomnesie. 1905
Über manische Verstimmung. 1903
Ein Fall von hysterischem Stupor bei einer Untersuchungsgefangenen. 1902
Über Simulation von Geistesstörung. 1903
Ärztliches Gutachten über einen Fall von Simulation geistiger Störung. 1904
Obergutachten über zwei widersprechende psychiatrische Gutachten. 1906
Zur psychologischen Tatbestandsdiagnostik. 1905

2. Band, 1979, 1987

EXPERIMENTELLE UNTERSUCHUNGEN

STUDIEN ZUR WORTASSOZIATION

Experimentelle Untersuchungen über die Assoziationen Gesunder (Jung und Riklin). 1904/1906
Analyse der Assoziationen eines Epileptikers. 1905/1906
Über das Verhalten der Reaktionszeit beim Assoziationsexperiment. 1905/1906
Experimentelle Beobachtungen über das Erinnerungsvermögen. 1905
Psychoanalyse und Assoziationsexperiment. 1905/1906
Die psychologische Diagnose des Tatbestandes. 1906/1941
Assoziation, Traum und hysterisches Symptom. 1906/1909
Die psychopathologische Bedeutung des Assoziationsexperimentes. 1906
Über die Reproduktionsstörungen beim Assoziationsexperiment. 1907/1909
Die Assoziationsmethode. 1910
Die familiäre Konstellation. 1910

PSYCHOPHYSISCHE UNTERSUCHUNGEN

Über die psychophysischen Begleiterscheinungen im Assoziationsexperiment. 1907
Psychophysische Untersuchungen mit dem Galvanometer und dem Pneumographen bei Normalen und Geisteskranken (Jung und Peterson). 1907
Weitere Untersuchungen über das galvanische Phänomen und die Respiration bei Normalen und Geisteskranken (Jung und Ricksher). 1907
Statistisches von der Rekrutenaushebung
Neue Aspekte der Kriminalpsychologie
Die an der Psychiatrischen Klinik in Zürich gebräuchlichen psychologischen Untersuchungsmethoden
Ein kurzer Überblick über die Komplexlehre
Zur psychologischen Tatbestandsdiagnostik: Das Tatbestandsexperiment im Schwurgerichtsprozeß Näf

3. BAND, 1968, 1985

PSYCHOGENESE DER GEISTESKRANKHEITEN

Über die Psychologie der Dementia praecox: Ein Versuch. 1907
Der Inhalt der Psychose. (Nachtrag: Über das psychologische Verständnis pathologischer Vorgänge.) 1908/1914
Kritik über E. Bleuler «Zur Theorie des schizophrenen Negativismus». 1911
Über die Bedeutung des Unbewußten in der Psychopathologie. 1914
Über das Problem der Psychogenese bei Geisteskrankheiten. 1919
Geisteskrankheit und Seele («Heilbare Geisteskranke?»). 1928
Über die Psychogenese der Schizophrenie. 1939
Neuere Betrachtungen zur Schizophrenie. 1956/1959
Die Schizophrenie. 1958

4. BAND, 1969, 1985

FREUD UND DIE PSYCHOANALYSE

Die Hysterielehre Freuds: Eine Erwiderung auf die Aschaffenburgsche Kritik. 1906
Die Freudsche Hysterietheorie. 1908
Die Traumanalyse. 1909
Ein Beitrag zur Psychologie des Gerüchtes. 1910/1911
Ein Beitrag zur Kenntnis des Zahlentraumes. 1910/1911
Monton Prince «The Mechanism and Interpretation of Dreams»: Eine kritische Besprechung. 1911
Zur Kritik über Psychoanalyse. 1910
Zur Psychoanalyse. 1912
Versuch einer Darstellung der psychoanalytischen Theorie. 1913/1955

5. Band, 1973, 1985, 1988

SYMBOLE DER WANDLUNG* 1952

Erster Teil:

Zweiter Teil:

6. Band, 1960, 1981, 1986, 1989

PSYCHOLOGISCHE TYPEN 1921/1950

* Eine Neubearbeitung von «Wandlungen und Symbole der Libido». 1912

Das Typenproblem in der Dichtkunst
Das Typenproblem in der Psychopathologie
Das Problem der typischen Einstellung in der Ästhetik
Das Typenproblem in der modernen Philosophie
Das Typenproblem in der Biographik
Allgemeine Beschreibung der Typen
Definitionen
Schlußwort
Anhang:
Vier Arbeiten über Psychologische Typologie. 1913, 1925, 1928 und 1936

7. BAND, 1964, 1981, 1989

ZWEI SCHRIFTEN ÜBER ANALYTISCHE PSYCHOLOGIE

Über die Psychologie des Unbewußten. 1943/1966
Die Beziehungen zwischen dem Ich und dem Unbewußten. 1928/1966
Anhang:
Neue Bahnen der Psychologie. 1912
Die Struktur des Unbewußten. 1916

8. BAND, 1967, 1982, 1987

DIE DYNAMIK DES UNBEWUSSTEN

Über die Energetik der Seele. 1928/1971
Die transzendente Funktion. 1916/1958
Allgemeines zur Komplextheorie. 1934/1971
Die Bedeutung von Konstitution und Vererbung für die Psychologie. 1929
Psychologische Determinanten des menschlichen Verhaltens. 1936/1942
Instinkt und Unbewußtes. 1928/1971
Die Struktur der Seele. 1928/1969
Theoretische Überlegungen zum Wesen des Psychischen. 1947/1954
Allgemeine Gesichtspunkte zur Psychologie des Traumes. 1928/1971
Vom Wesen der Träume. 1945/1971
Die psychologischen Grundlagen des Geisterglaubens. 1928/1971
Geist und Leben. 1926/1969
Das Grundproblem der gegenwärtigen Psychologie. 1931/1969
Analytische Psychologie und Weltanschauung. 1931/1969
Wirklichkeit und Überwirklichkeit. 1933
Die Lebenswende. 1931/1969
Seele und Tod. 1934/1969
Synchronizität als ein Prinzip akausaler Zusammenhänge. 1952
Über Synchronizität. 1952

9. Band, 1976, 1985, 1989

Erster Halbband:

DIE ARCHETYPEN UND DAS KOLLEKTIVE UNBEWUSSTE

Über die Archetypen des kollektiven Unbewußten. 1935/1954
Über den Begriff des kollektiven Unbewußten. 1936
Über den Archetypus mit besonderer Berücksichtigung des Animabegriffes. 1936/1954
Die psychologischen Aspekte des Mutterarchetypus. 1939/1954
Über Wiedergeburt. 1940/1950
Zur Psychologie des Kindarchetypus. 1940/1950
Zum psychologischen Aspekt der Korefigur. 1941/1951
Zur Phänomenologie des Geistes im Märchen. 1946/1948
Zur Psychologie der Schelmenfigur. 1954
Bewußtsein, Unbewußtes und Individuation. 1939
Zur Empirie des Individuationsprozesses. 1934/1950
Über Mandalasymbolik. 1938/1950
Mandalas. 1955

9. Band, 1976, 1985, 1989

Zweiter Halbband:

AION 1951

UNTERSUCHUNGEN ZUR SYMBOLGESCHICHTE

Das Ich
Der Schatten
Die Syzygie: Anima und Animus
Das Selbst
Christus, ein Symbol des Selbst
Das Zeichen der Fische
Die Prophezeiung des Nostradamus
Über die geschichtliche Bedeutung des Fisches
Die Ambivalenz des Fischsymbols
Der Fisch in der Alchemie
Die alchemistische Deutung des Fisches
Allgemeines zur Psychologie der christlich-alchemistischen Symbolik
Gnostische Symbole des Selbst
Die Struktur und Dynamik des Selbst
Schlußwort

10. Band, 1974, 1981, 1986

ZIVILISATION IM ÜBERGANG

Über das Unbewußte. 1918
Seele und Erde. 1931/1969
Der archaische Mensch. 1931/1969
Das Seelenproblem des modernen Menschen. 1928/1969
Über das Liebesproblem des Studenten. 1928
Die Frau in Europa. 1927/1965
Die Bedeutung der Psychologie für die Gegenwart. 1933/1969
Zur gegenwärtigen Lage der Psychotherapie. 1934
Vorwort zu «Aufsätze zur Zeitgeschichte». 1946
Wotan. 1936/1946
Nach der Katastrophe. 1945/1946
Das Schattenproblem. 1946/1947
Nachwort zu «Aufsätze zur Zeitgeschichte». 1946
Gegenwart und Zukunft. 1957/1964
Ein moderner Mythus. Von Dingen, die am Himmel gesehen werden. 1958/1964
Das Gewissen. 1958
Gut und Böse in der Analytischen Psychologie. 1959
Vorrede zu Toni Wolff «Studien zu C. G. Jungs Psychologie». 1959
Die Bedeutung der schweizerischen Linie im Spektrum Europas. 1928
Der Aufgang einer neuen Welt. Eine Besprechung von H. Keyserling «Amerika. Der Aufgang einer neuen Welt». 1930
Besprechung von H. Keyserling «La Révolution mondiale et la responsabilité de l'esprit». 1934
Komplikationen der amerikanischen Psychologie. 1930
Die träumende Welt Indiens. 1939
Was Indien uns lehren kann. 1939
Anhang: Neun kurze Beiträge. 1933–1938

11. Band, 1963, 1983, 1988

ZUR PSYCHOLOGIE WESTLICHER UND ÖSTLICHER RELIGION

WESTLICHE RELIGION

Psychologie und Religion. 1940/1962
Versuch einer psychologischen Deutung des Trinitätsdogmas. 1942/1948
Das Wandlungssymbol in der Messe. 1942/1954
Vorwort zu V. Withe «God and the Unconscious». 1952
Vorwort zu Z. Werblowsky «Lucifer and Prometheus». 1952

Bruder Klaus. 1933
Über die Beziehung der Psychotherapie zur Seelsorge. 1932/1948
Psychoanalyse und Seelsorge. 1928
Antwort auf Hiob. 1952/1967

ÖSTLICHE RELIGION

Psychologischer Kommentar zu «Das tibetanische Buch der Großen Befreiung». 1955
Psychologischer Kommentar zu «Das tibetanische Totenbuch». 1935/1960
Yoga und der Westen. 1936
Vorwort zu. D. T. Suzuki «Die große Befreiung. Einführung in den Zen-Buddhismus». 1939/1958
Zur Psychologie östlicher Meditation. 1943/1948
Über den indischen Heiligen. Einführung zu H. Zimmer «Der Weg zum Selbst». 1944
Vorwort zum «I Ging». 1950

12. Band, 1972, 1984, 1987, 1990

PSYCHOLOGIE UND ALCHEMIE 1944/1952

Vorwort [undatiert] zur 2. englischen Auflage von 1967
Einleitung in die religionspsychologische Problematik der Alchemie 1943
Traumsymbole des Individuationsprozesses. 1936
Die Erlösungsvorstellungen in der Alchemie. 1937
Epilog

13. Band, 1978, 1982, 1988

STUDIEN ÜBER ALCHEMISTISCHE VORSTELLUNGEN

Kommentar zu «Das Geheimnis der goldenen Blüte». 1929/1965
Der Geist Mercurius. 1943/1948
Die Visionen des Zosimos. 1938/1954
Paracelsus als geistige Erscheinung. 1942
Der philosophische Baum. 1945/1954

14. Band, 1968, 1984, 1990

MYSTERIUM CONIUNCTIONIS 1955/1956

Erster Halbband 14/I: 1968, 1984, 1990
Die Komponenten der Coniunctio
Die Paradoxa
Die Personifikationen der Gegensätze:
Einleitung – Sol – Sulphur – Luna – Sal

Zweiter Halbband 14/II: 1968, 1984, 1990
Rex und Regina
Adam und Eva
Die Konjunktion

Ergänzungsband 14/III: 1973, 1984, 1990
«Aurora Consurgens»
(Herausgegeben und kommentiert von M.-L. von Franz)

15. Band, 1971, 1984, 1990

ÜBER DAS PHÄNOMEN DES GEISTES IN KUNST UND WISSENSCHAFT

Paracelsus. 1929/1969
Paracelsus als Arzt. 1941/1942
Sigmund Freud als kulturhistorische Erscheinung. 1932/1969
Sigmund Freud. Ein Nachruf. 1939
Zum Gedächtnis Richard Wilhelms. 1930/1965
Über die Beziehung der Analytischen Psychologie zum dichterischen Kunstwerk. 1922/1969
Psychologie und Dichtung. 1930/1950
«Ulysses». Ein Monolog. 1932/1969
Picasso. 1932/1969

16. Band, 1958, 1984, 1990

PRAXIS DER PSYCHOTHERAPIE

ALLGEMEINE PROBLEME DER PSYCHOTHERAPIE

Grundsätzliches zur praktischen Psychotherapie. 1935
Was ist Psychotherapie? 1935
Einige Aspekte der modernen Psychotherapie. 1930
Ziele der Psychotherapie. 1929/1969
Die Probleme der modernen Psychotherapie. 1929/1969
Psychotherapie und Weltanschauung. 1943/1946
Medizin und Psychotherapie. 1945
Die Psychotherapie in der Gegenwart. 1945/1946
Grundfragen der Psychotherapie. 1951

SPEZIELLE PROBLEME DER PSYCHOTHERAPIE

Der therapeutische Wert des Abreagierens. 1921
Die praktische Verwendbarkeit der Traumanalyse. 1934/1969
Die Psychologie der Übertragung. 1946

17. BAND, 1972, 1985, 1988

ÜBER DIE ENTWICKLUNG DER PERSÖNLICHKEIT

Über Konflikte der kindlichen Seele. 1910/1969
Einführung zu F. G. Wickes «Analyse der Kindesseele». 1931/1969
Über die Entwicklung und Erziehung des Kindes. 1923
Analytische Psychologie und Erziehung. 1926/1969
Der Begabte. 1943/1969
Die Bedeutung des Unbewußten für die individuelle Erziehung. 1928
Vom Werden der Persönlichkeit. 1934/1969
Die Ehe als psychologische Beziehung. 1925/1969

18. BAND, 1981

DAS SYMBOLISCHE LEBEN

VERSCHIEDENE SCHRIFTEN

Erster Halbband 18/I
Über Grundlagen der analytischen Psychologie. 1935
Symbole und Traumdeutung. 1961
Das symbolische Leben. 1939
Ergänzungen zu GW 1, 3, 4.

Zweiter Halbband 18/II
Ergänzungen zu GW 5, 7–17

19. BAND, 1983

BIBLIOGRAPHIE

Die veröffentlichten Schriften von C. G. Jung:
Originalwerke und Übersetzungen
Die Gesammelten Werke von C. G. Jung
Seminare von C. G. Jung.

20. BAND

GESAMTREGISTER

noch nicht erschienen

Supplementband Seminare

KINDERTRÄUME

BRIEFE

in drei Bänden 1906–1961